AF390196

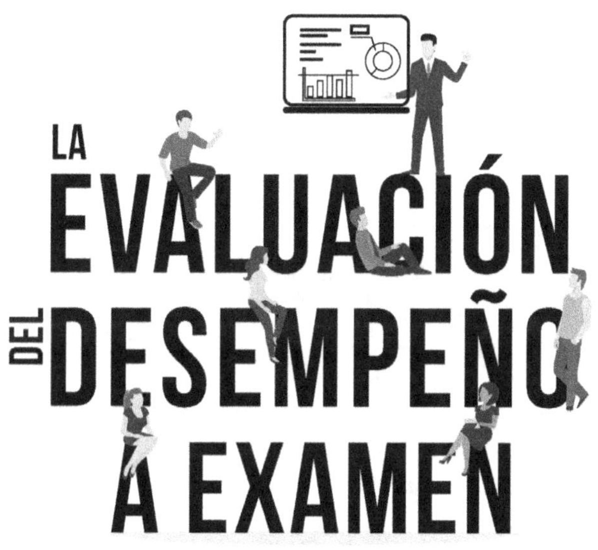

LA EVALUACIÓN DEL DESEMPEÑO A EXAMEN

TENDENCIAS ACTUALES

COORDINADORES: TERESA CERVERA • CARLOS CID

ROSA ALLEGUE • BEGOÑA DÍAZ-VARELA • LUIS EXPÓSITO
LUISA IZQUIERDO • VANESSA IZQUIERDO • BEGOÑA LANDÁZURI
JOSE LUIS RISCO • LORENZO RIVARÉS

KOLIMA
BOOKS

Categoría: Directivos y líderes

Colección: Gestión de personas y del talento

Título original: La Evaluación del Desempeño a examen.
Tendencias actuales

Primera edición: Julio 2022
© 2022 Editorial Kolima, Madrid
www.editorialkolima.com

Autores: Rosa Allegue, Begoña Díaz-Varela, Luis Expósito, Luisa Izquierdo, Vanessa Izquierdo, Begoña Landázuri, Jose Luis Risco y Lorenzo Rivarés.
Coordinadores: Teresa Cervera y Carlos Cid
Dirección editorial: Marta Prieto Asirón
Maquetación de cubierta: Mercedes Galán
Maquetación: Carolina Hernández/Mercedes Galán

ISBN: 978-84-18811-94-4

No se permite la reproducción total o parcial de esta obra, ni su incorporación a un sistema informático, ni su transmisión en cualquier forma o por cualquier medio, sea este electrónico, mecánico, por fotocopia, por grabación u otros métodos, el alquiler o cualquier otra forma de cesión de la obra sin la autorización previa y por escrito de los titulares de propiedad intelectual.

Cualquier forma de reproducción, distribución, comunicación pública o transformación de esta obra solo puede ser realizada con la autorización de sus titulares, salvo excepción prevista por la ley. Diríjase a CEDRO (Centro Español de Derechos Reprográficos) si necesita fotocopiar o escanear algún fragmento de esta obra (www.conlicencia.com; 91 702 19 70 / 93 272 04 45).

ÍNDICE

PRÓLOGO

Actualmente, dos de las principales preocupaciones de los CEOs de las grandes y medianas empresas son dos temas relacionados con los Recursos Humanos, con las personas: la capacidad de atraer talento y la capacidad de retener talento.

Una organización no puede crecer más que la propia capacidad de atraer y retener talento y la gestión de las personas se convierte por tanto en una necesidad crítica que debe formar parte del plan estratégico de cualquier empresa. Si no se consigue atraer talento, y posteriormente retenerlo, no se conseguirá la implementación del plan estratégico de la compañía.

Los estudios más recientes sobre *Employer Brand* indican con claridad los factores que más considera el talento a la hora de elegir una u otra organización, y el desarrollo profesional es una de las más importantes, especialmente en el talento joven. Además, este atributo gana importancia en los últimos años, cuando la escasez de talento es más notoria, y por tanto el talento es más selectivo a la hora de elegir la organización para la que trabajar.

Es en este punto, los autores, Rosa Allegue (Skechers), Carlos Cid (Euroforum), Lorenzo Rivarés (Eulen), Luis Expósito (ex Mediaset), Teresa Cervera (Grupo CEF-UDIMA), Begoña Díaz Valera (Agencia EFE), Begoña Landázuri (Aldeasa), Luisa Izquierdo (Microsoft), José Luis Risco (Ernst & Young) nos ofrecen un libro sobre la evaluación del desempeño. Un libro escrito desde la experiencia de muchos años en la función de gestión y desarrollo de las personas, y desde sectores muy diversos, como la comunicación, los servicios o la consultoría, de una manera sencilla, pragmática y conjunta que ayuda mucho a que cualquier directivo pueda reflexionar sobre el potencial que un sistema de EVDP puede alcanzar en una organización.

La función de Recursos Humanos evoluciona de la tradicional organización por funciones (relaciones laborales, administración de personal, compensación y beneficios, selección, formación y desarrollo) a nuevos modelos más ágiles con la experiencia del empleado como prioridad y con la incorporación del dato a la gestión de los RRHH.

La evaluación de desempeño es la mejor herramienta de desarrollo profesional que tienen una empresa y un empleado para el *management performance* y el crecimiento profesional. Un procedimiento que debe estar integrado en la cultura de la empresa. En la EVDP se invierten muchas horas, tanto por parte de los mánagers como de los empleados, y el diseño del proceso completo, la definición de competencias, la formación para su realización, el rigor del mismo y la objetividad del contenido son críticas para la empresa y el empleado.

Es un ejercicio de responsabilidad en el cuidado del empleado, un feedback adecuado con el objetivo de mejorar su desempeño, con una conversación sincera, abierta, honesta y constructiva sobre aquellas competencias en las que destaca y aquellas que se identifican como áreas de mejora.

Probablemente su conveniencia sea una opinión generalizada; donde está la diferencia entre las organizaciones con un buen proceso de EVDP es en la implementación y en el rigor de las acciones o consecuencias derivadas de la misma.

Un buen proceso de EVDP es la base para plantear una subida salarial diferenciada, en la que se recompense en mayor medida a los empleados con un buen *performance* o con mucho potencial.

Un buen proceso de EVDP es la base para un buen plan de formación, donde se identifiquen necesidades, bien colectivas o individuales, para la realización del plan de formación, así como para saber en qué colectivos invertimos el presupuesto de formación.

Un buen proceso de EVDP es la base para analizar posibles candidatos para cubrir una vacante, con información objetiva, relevante y con *track record*, asegurándonos de que las personas con más potencial son las que finalmente promocionan.

Un buen proceso de EVDP es la base para confirmar o cuestionar que la persona ha recibido un feedback claro y concreto y que se le ha dado la oportunidad de mejorar.

Un buen proceso de EVDP es la base para tener identificado el *Talent Pool* de una organización y saber el talento potencial para nuevos proyectos o desarrollos.

Un buen proceso de EVDP es la base para comprobar si los empleados más comprometidos (*engagement*) son los empleados con más talento o *performance*.

Un buen proceso de EVDP es la base para confirmar si los empleados con mayor potencial son los empleados más fieles y con menor nivel de rotación.

Un buen proceso de EVDP es la base para elaborar un plan de sucesión para los principales puestos de la organización, o bien los GAPs de talento para determinados puestos.

Un buen proceso de EVDP es la base para identificar la motivación y los intereses de un empleado, conocer su predisposición a la movilidad funcional o geográfica, así como evaluar su riesgo de rotación y el impacto en la organización.

En definitiva, el sistema de EVDP es la herramienta para el desarrollo del talento y el origen de muchas otras iniciativas de RRHH, que no tendrán la utilidad esperada si no está bien realizada. Es imprescindible para el rol estratégico de los Recursos Humanos en las organizaciones.

La EVDP es un derecho del empleado como ayuda a su desarrollo, y una obligación y responsabilidad por parte de la empresa. Los autores explican con detalle y con rigor cómo alcanzar el siguiente nivel en este proceso. Aprovechen la oportunidad y disfrútenla.

Jesús Echevarría Mendiguren
Presidente Randstad Iberia&LatAm

INTRODUCCIÓN

En el actual contexto de globalización, digitalización y máxima competencia en el que las empresas desarrollan su actividad sometidas a un ritmo veloz de cambio, con grandes dosis de incertidumbre e innovaciones tecnológicas disruptivas, cobran muy especial relevancia los elementos intangibles, y muy particularmente el talento humano. En esta denominada 4ª Revolución industrial aumentan los requerimientos para las direcciones de personas en las organizaciones, y entre otros lo relativo a la evaluación de los profesionales, para determinar si están en condiciones de asumir sus roles actuales y los retos futuros, además de identificar a los potenciales líderes para la nueva etapa. Sin embargo, en entornos VUCA –Volátil, *Uncertain* (incierto), Complejo y Ambiguo–, los Sistemas de Evaluación del Desempeño (SED) son cuestionados dentro de las organizaciones porque se presentan, en ocasiones, como una herramienta no suficientemente ágil y eficaz para la medición del talento.

Recientes encuestas sobre los sistemas de evaluación del desempeño, artículos de especialistas y opiniones de profesionales de la gestión de personas coinciden en señalar que existe un alto nivel de desencanto con los sistemas vigentes, que resultan poco fiables, están un tanto desfasados y generan más problemas que soluciones. Así las cosas, muchas empresas han decidido, o se están planteando, un cambio drástico en esta materia.

De esta inquietud nace este libro, que recoge las reflexiones de un conjunto de profesionales de la función de dirección de personas, con el fin de aportar un análisis de la actual situación de los sistemas de evaluación y algunas ideas sobre cómo están evolucionando. El libro presenta también una amplia exposición de los distintos métodos de evaluación, previa explicación del sentido y el concepto de la evaluación del desempeño, antecedentes y evolución. Además se reflexiona sobre el papel que juegan los sistemas de evaluación dentro de la empresa, su relación con la estrategia, sus implicaciones financieras y la conexión que tiene que existir entre el modelo de evaluación, las distintas áreas de la empresa y el propio CEO. Es importante resaltar el apartado sobre sus aspectos jurídico-laborales.

En definitiva, el objetivo de este libro es analizar los sistemas de evaluación del desempeño desde una óptica actual y crítica que permita a los profesionales una perspectiva de cómo se están abordando en la empresa, estudiando los diferentes métodos utilizados, su aporte al negocio y las posibles innovaciones de esta herramienta, situándolos en el contexto empresarial actual.

Todos los autores, además de nuestra vocación por la gestión de personas en el mundo de la empresa, tenemos una segunda pasión docente en diferentes universidades y escuelas de negocios. A ese público nos queremos dirigir especialmente, a los estudiantes de grado y postgrado que necesitan obtener una visión de la gestión de un tema como el que nos ocupa de primera mano por parte de los profesionales que en el día a día se encuentran enfrentando la gestión del mismo en las diferentes compañías.

Por supuesto nos dirigimos también a nuestros colegas del mundo de la empresa, a cuya visión crítica nos sometemos desde ya y cuyo juicio esperamos con interés.

Estamos ante una obra revisable y por tanto mejorable a medida que se vayan sucediendo cambios en el vertiginoso mundo en el que todos estamos inmersos. En esa medida, quedamos atentos a cuantas aportaciones nos quieran hacer llegar todos los que demuestren interés por este tema.

Entre Las Rozas y Torrelodones, abril de 2022

1. SISTEMAS DE EVALUACIÓN DEL DESEMPEÑO (SED)

Este libro se centra en los sistemas de evaluación del desempeño que se producen en el ámbito de las organizaciones empresariales con respecto a las obligaciones laborales de sus integrantes. Nos estamos refiriendo fundamentalmente a métodos de evaluación sistémicos y objetivos que proporcionan una razonable fiabilidad.

El concepto y la práctica de la evaluación resultan cosustanciales a la condición humana. Desde que nacemos estamos sometidos a evaluación por nuestro entorno familiar y social, ya sea desde un punto de vista ético, de carácter, estético o conductual, de lo que se derivan consecuencias de todo tipo. Por su parte, cada persona evalúa constantemente el mundo que la rodea como parte de su toma de decisiones, su forma de relacionarse e incluso de comunicarse. Son modos de evaluación informal, que no necesariamente se basan en una información suficiente y adecuada, ni pretenden ser objetivos ni válidos.

Según el profesor Víctor Dulewicz, experto en inteligencia emocional, «hay una tendencia humana básica para hacer juicios sobre los que están trabajando con él, así como acerca de uno mismo. La valoración es inevitable y universal. En ausencia de un sistema estructurado de evaluación, la gente tiende a juzgar el rendimiento en el trabajo de otros, incluyendo a los subordinados, de manera informal y arbitrariamente».

Habiendo observado el hecho de que la evaluación resulta inherente a la condición humana, así como la necesidad de tener sistemas estructurados de evaluación, resulta imprescindible definir y delimitar qué son los sistemas de evaluación del desempeño en el ámbito de las organizaciones empresariales:

De acuerdo con la definición de la RAE (Real Academia Española) para el concepto «sistema» –«conjunto de reglas o principios sobre una materia racionalmente enlazados entre sí»–, la evaluación del desempeño debe tener unas reglas o principios de aplicación. Estas reglas deben conocerse, aplicarse y respetarse por toda la organización.

La RAE define «evaluar» como «estimar, apreciar, señalar o calcular el valor de algo», «estimar los conocimientos, aptitudes y rendimientos de alguien».

La evaluación conlleva una serie de actividades que sirven para dar un juicio, hacer una valoración y medir algo (objeto, acción, situación, proceso) conforme a determinados criterios de valor preestablecidos. Se debe distinguir la evaluación de elementos parecidos, pero distintos, como:

- Medición: determina la extensión o cuantificación de algo, pero sin fijar su valor.
- Estimación: se aproxima de forma subjetiva, ya que no exige un método formal ni sistémico.
- Seguimiento: analiza la marcha o desarrollo de un proceso o situación, pero no valora.
- Control: verifica resultados, pero no los valora.

En cuanto al término «desempeñar», la RAE lo define como «ejercer las obligaciones inherentes a una profesión, cargo u oficio». El concepto de desempeño suele emplearse para referirse al rendimiento de una persona en su ámbito laboral o académico y establece el nivel que consigue alcanzar dicha persona de acuerdo a su destreza y esfuerzo.

Un interesante enfoque que permite a las organizaciones avanzar en la eficiencia de sus sistemas de evaluación del desempeño es contextualizarlo según las situaciones. Así, se debe entender que el desempeño de una persona deberá valorarse conforme a los siguientes factores referidos a la misma:

- Sus conocimientos, capacidades o habilidades (saber hacer).
- El contexto/ambiente en que se desenvuelve (poder hacer).
- Su motivación o actitud hacia el trabajo (querer hacer).

Atendiendo a estas definiciones, si una empresa lleva a cabo la evaluación del desempeño de sus empleados, inevitablemente estará otorgando un valor al trabajo realizado y ello tendrá unas implicaciones económico-financieras. Sin embargo, no ha sido sencillo para las empresas otorgar ese valor, siendo que la metodología de cálculo ha cambiado a lo largo de los años y los distintos sectores de la economía.

Por otra parte, cuando se habla de gestión de desempeño laboral es importante que el sistema valore aquellos comportamientos que resultan relevantes para los objetivos de la organización; de lo contrario la empresa podría invertir tiempo y recursos en evaluar y valorar comportamientos que no añaden eficiencia. Muchos autores han insistido en la importancia de determinar y valorar los comportamientos relevantes; así, por ejemplo, Alles (2007) definió desempeño laboral como «aquellas acciones o comportamientos observados en los empleados que son relevantes para los objetivos de la organización y que pueden ser medidos en términos de las competencias de cada individuo y su nivel de contribución a la empresa».

Conviene diferenciar dos conceptos que se confunden con frecuencia pero que resulta imprescindible definir: la gestión integral del desempeño, o *performance management*, frente a los sistemas de evaluación del desempeño, o *performance appraisal*. El *performance management* es la gestión integral del desempeño en una empresa y, tal y como exponen DeNisi y Murphy (2017), se refiere a una amplia variedad de actividades, políticas, procedimientos e intervenciones diseñadas para ayudar a los empleados a mejorar su desempeño. Estas intervenciones comienzan con el *performance appraisal*, pero también incluyen el *feedback*, el establecimiento de metas, la formación, así como los sistemas de recompensa. Por su parte, el *performance appraisal*, o evaluación del desempeño, se refiere al proceso formal por el que los empleados son evaluados por jueces, habitualmente sus supervisores, en una serie de dimensiones que asignan una puntuación a estas evaluaciones e informan a los empleados de su evaluación. *Perfomance appraisal* es, por tanto, una parte fundamental del *performance management*[1].

Una vez identificados los términos se puede avanzar en la definición de sistema de evaluación del desempeño. Por supuesto hay numerosas definiciones, pero se puede convenir que se trata de un proceso sistemático y periódico que se utiliza para medir, de forma cualitativa y cuantitativa, el grado de eficacia en el que los empleados realizan las actividades y responsabilidades del puesto que desempeñan, incluido en su caso el nivel de cumplimiento de objetivos establecidos para dicho puesto.

---

[1] Tal y como exponen Kundu, Mor, Khatri & Do (2019), la gestión integral del desempeño, o *performance management*, tiene como proceso fundamental la evaluación del desempeño, o *performance appraisal*, y ambos deben estar necesariamente coordinados y alineados con la estrategia de la empresa y por tanto con el ajuste tanto interno como externo.

Se podría añadir que de estos procesos también se deriva información complementaria sobre el personal evaluado que ayuda a detectar aspectos a mejorar y sirve como soporte objetivo para decisiones sobre su carrera profesional.

Autores como Guido Stein y Eduardo Rábago (2014) distinguen, a la hora de valorar los resultados concretos, tres conceptos:

- Evaluación del rendimiento, si se centra en objetivos.
- Evaluación del desempeño, si consideran objetivos y comportamientos.
- Estimación del potencial, cuando se refiere a la valoración de capacidades personales de cara al futuro.

En este mismo sentido, el profesor Chiavenato (2007) afirma que la evaluación del desempeño «es una apreciación sistemática del desempeño de cada persona en el cargo o del potencial de desarrollo futuro».

Por último cabe señalar la definición normativa en el ámbito de la Administración Pública Española, que fija legalmente la obligación de aplicar el sistema de evaluación del desempeño (SED) a los funcionarios. En concreto el artículo-20) del Estatuto Básico de la Función Pública[2], define el SED como «el procedimiento que debe adecuarse a los criterios de transparencia, objetividad, imparcialidad y no discriminación, mediante el cual se mide y valora la conducta profesional y el rendimiento o logro de resultados de los empleados públicos». El SED se considera una herramienta de apoyo para la carrera profesional del funcionario. El artículo-14-c) del Texto Refundido de 2015 fija «el derecho de

---

2   Real Decreto Legislativo 5/2015, de 30 de octubre, por el que se aprueba el texto refundido de la Ley del Estatuto Básico del Empleado Público.

carácter individual de los funcionarios públicos, en correspondencia con la naturaleza jurídica de su relación de servicio, a la progresión en la carrera profesional y promoción interna según principios constitucionales de igualdad, mérito y capacidad mediante la implantación de sistemas objetivos y transparentes de evaluación».

A diferencia de la Administración Pública, no existe un concepto ni previsión de aplicación del SED en la legislación laboral, aunque sí está contemplada en algunos convenios colectivos y, como veremos más adelante, existen numerosas conexiones con el marco jurídico laboral.

2. ANTECEDENTES Y EVOLUCIÓN DE LOS SED

Desde que el ser humano ha trabajado para otros su labor ha sido evaluada, tanto en pequeños grupos, tipo gremio, como en las organizaciones integradas por colectivos numerosos.

Siendo el desempeño en el trabajo la contribución que los individuos hacen a la organización en la que están trabajando (Stewart & Brown, 2010), se puede asumir que las organizaciones históricamente lo han valorado para mejorarlo. No se sabe con exactitud cuándo las organizaciones comenzaron a valorar el desempeño, aunque es seguro que para hacer las grandes obras de la humanidad, como la Gran Muralla china, las pirámides de Egipto, El Mirador del Imperio maya o el Machu Picchu inca, se valoró el desempeño de miles de empleados. Sin embargo, algunos autores sí establecen con exactitud la fecha de 1842 como el inicio de la era moderna de la evaluación del desempeño, tal y como la entendemos en la actualidad. Desde entonces hasta nuestros días se ha convertido en una práctica común de gestión de las personas en las empresas.

Se debe señalar que la necesidad de aplicar métodos de evaluación del desempeño ha sido fácilmente entendida en las sociedades capitalistas, dado que basan su sociedad en la aportación individual como la unidad en la que se sustenta cualquier proyecto: ya desde pequeños se nos evalúa individualmente el avance en la escuela, y la aportación al sostenimiento de los países se hace en base a impuestos evaluados para cada individuo.

A lo largo de la historia se han dado diferentes fundamentos para aplicar el SED: inicialmente se utilizó como un método simple que permitía justificar el salario de un empleado y las diferencias retributivas con otros (pago en función del rendimiento). Posteriormente fue utilizado para gestionar las promociones y los despidos de empleados. Es a partir de los años 50 del siglo XX cuando se utiliza como una herramienta de utilidad para la motivación y el desarrollo que perdura en nuestros días.

Como antecedentes de los SED actuales se pueden destacar, aunque sin ánimo de ser exhaustivos, las siguientes:

- La Grecia del siglo IV a. C., donde se desarrolla la ética del trabajo. Sócrates separa el conocimiento técnico de la experiencia y Platón habla de las aptitudes naturales de los hombres, dando origen a la especialización. Aristóteles distinguió dos formas de ser: el ser en acto y el ser en potencia (situación futura posible).

- La dinastía WEI de China (siglos IV a VI) crea la figura del «valorador imperial», cuya tarea consistía en evaluar el rendimiento y el comportamiento de los miembros de la corte.

- En el siglo XV, la Compañía de Jesús establece un sistema de calificación para sus miembros, muy dispersos en misiones exteriores, mediante el cual evalúa su actividad y da notas sobre su potencial.

- En el siglo XVI, en el Arsenal de Venecia, donde trabajaban unos 16.000 operarios, se establece una supervisión estricta de la lista y el rango de los trabajadores, abonando los salarios dependiendo de la tarea, días empleados y piezas acabadas.

- A comienzos del siglo XIX, en plena Revolución industrial, los empresarios medían el rendimiento de las máquinas (unidades producidas), pero no así el desempeño de los trabajadores. En este contexto, el empresario británico Robert Owen compró la empresa textil New Lanark en Escocia y estableció novedosos y exitosos métodos de gestión que no solo atendían al equipo técnico de la fábrica sino también al equipo humano (reglas sanitarias, economatos, guarderías y asignación de viviendas dignas). Owen puso en marcha un sistema de evaluación de conducta denominado «Silent Monitor», que sirvió de base para ascensos y compensaciones. El curioso sistema empleaba una pieza de madera de cuatro caras, cada una de un color diferente, que equivalía a una determinada conducta (blanco=excelencia, amarillo=buena conducta, azul=conducta ordinaria y negro=mala conducta), que se colocaba al lado de cada trabajador de acuerdo a su comportamiento durante el día. Se llevaba un registro diario de los datos obtenidos para realizar estudios estadísticos sobre cada uno de los empleados, lo que supuso un esfuerzo de racionalización de algunos de los procesos económicos y laborales que tenían lugar.

- En 1842, el Gobierno de EEUU aprueba una ley por la que instaura la obligación, en el ámbito de su administración civil, de llevar a cabo procesos anuales de evaluación, pasando el mismo sistema al Ejército en 1880. Así lo señalan Snell & Bohlander (2010).

- A partir de 1910, Frederick Taylor introduce la idea de analizar el trabajo, descomponiéndolo en actividades simples, cronometrándolas y exigiendo a los trabajadores la realización de las tareas necesarias en el tiempo justo. El método se denominó «Administración Científica del Trabajo». Muy parecidos fueron los sistemas implantados por Henry Ford en 1930.

- Tras la II Guerra Mundial, los SED comienzan a extenderse a las organizaciones, y en la segunda mitad del siglo XX, en la llamada «Sociedad del Conocimiento» (término acuñado por Peter Drucker), el trabajo manual característico de la Revolución industrial comienza a ir en detrimento frente al trabajo del conocimiento y, en consecuencia, la medición del rendimiento de los trabajadores resulta más compleja. Los SED comenzaron con métodos simples para justificar los ingresos en función del rendimiento, pero se encontró que otros factores como la moral y la autoestima podían tener una gran influencia.

- A finales del siglo XX, Jack Welch, presidente de General Electric, dio un gran impulso al SED tal como hoy lo conocemos, estableciendo la llamada «Curva de la Vitalidad», que diferenciaba a los empleados por grupos según su desempeño, distribuyéndolos según el modelo de campana de Gauss, 70-20-10, bajo el concepto de «Ranking and Yanking» (subir o salir).

Estos antecedentes de los sistemas de evaluación del desempeño han desembocado en la situación actual, en la que hay posiciones que defienden la evolución de este proceso para adaptarlo a la realidad de hoy en día, y también los que defienden su supresión en las organizaciones. En el segundo decenio del siglo XXI se extendió la tendencia al ámbito empresarial, expresada en encuestas a profesionales, en artículos doctrinales y en las decisiones de empresas emblemáticas (Adobe, IBM, General Electric, SAP, Cisco, etc.)

de suprimir el sistema. También la prensa internacional se ha hecho eco de la muerte del SED tradicional. En este sentido, el «Financial Times» publicó que «el sistema se acabará pronto para todos nosotros»; «The Economist», «durante 2016, el grueso de las compañías abolirá la evaluación del desempeño, una de las mayores malversaciones de tiempo corporativo jamás inventado»; y «Forbes Magazine», «la evaluación del desempeño es una reliquia burocrática de la revolución industrial, inservible en la economía del conocimiento». Por último, «McKinsey Quarterly», «el ritual anual de la evaluación del desempeño personifica las absurdidades de la vida corporativa (...). Está tan obsoleto que equivale a intentar realizar las modernas transacciones financieras con palomas mensajeras».

Según algunos autores, como el profesor Jesús Gómez, las razones del desencanto de las compañías con los SED tradicionales son:

- Las entrevistas anuales y la documentación asociada al proceso de evaluación consumen muchos recursos organizativos. De hecho, dada la tendencia a tener estructuras organizacionales cada vez más planas, los jefes tienen más personas que les reportan directamente, y por tanto más trabajadores a los que evaluar (un estudio de Deloitte a nivel internacional revelaba que sus directivos dedicaban más de dos millones de horas al año a la evaluación, y obviamente eso no era sostenible).

- Es muy difícil evitar la asociación entre entrevista anual y subida salarial. Y esto dificulta el que el evaluado asimile correctamente la implicación de la evaluación con otros aspectos diferentes al salario, tales como formación, desarrollo de competencias, carrera profesional, clima laboral, etc.

- Se ha demostrado que es muy difícil asegurar el buen funcionamiento de los sistemas de puntuaciones y ranking forzado, a través del cual los jefes venían obligados a distribuir a los miembros de sus equipos de trabajo en categorías de buenos, malos y regulares empleados, lo cual genera frustración y desencanto a los implicados en el SED.

En resumen, en la actualidad muchos directivos y empleados ven el SED como un ritual burocrático, malversador de tiempo, excesivamente subjetivo, desmotivador y poco útil. Además, afirman que el SED se asemeja a mirar por el retrovisor, en el sentido de que pone más el foco en el pasado que en el desarrollo futuro de los empleados. Si a estas críticas se le añade la irrupción del *Big Data* en el mundo de las organizaciones, todavía se cuestionan más los sistemas tradicionales de evaluación del desempeño. Por primera vez el análisis masivo de datos ha colocado en manos de las organizaciones evidencias científicas y cuantitativas que pueden ser utilizadas en el sistema de evaluación del desempeño, al tiempo que han puesto en entredicho los sistemas que han venido empleándose.

Dados estos antecedentes, las preguntas que pretende responder este libro son ¿hacia dónde va el SED? ¿Es una herramienta pertinente en la empresa actual?

La historia de las organizaciones enseña que siempre han ido evolucionando para adaptarse a sistemas más organizados de trabajo, más eficientes, más productivos y adecuados a la tecnología, lo que ha marcado la diferencia entre los que tenían éxito y el resto. Sin embargo, la velocidad a la que avanza la tecnología la ha democratizado y ahora más que nunca un factor vital para conseguir el éxito es la forma de relacionarse con los empleados: las nuevas generaciones, como la *millennial* o la Z, tienen expectativas que demandan ser atendidas. Ahora hay que atender al empleado, pasar de una experiencia de empleado a una experiencia humana que priorice el desarrollo de las habilidades de las personas.

El consultor José Manuel Casado (2019) opina sobre el SED en este nuevo contexto en el que «los valores y formas de vida de los nuevos profesionales acostumbrados a vivir la vida en '*real time*', sus nuevas necesidades de reconocimientos, rápidos y personales, los nuevos diseños organizativos, los contextos y ecosistemas laborales y las nuevas formas de trabajar, y el avance de las nuevas tecnologías digitales, hacen que este tradicional proceso tenga que ser reinventado y pasar de la evaluación del rendimiento anual a la gestión del reconocimiento con apreciación inmediata y casi *online*».

Según el estudio de «Tendencias Capital Humano 2017» de Deloitte, durante los últimos cinco años las organizaciones han cambiado radicalmente la manera en que miden, evalúan y reconocen el desempeño de los empleados. En la actualidad se llevan a cabo prácticas de gestión del desempeño continuo a gran escala y son cada vez más claras, estandarizadas y funcionales. La ágil gestión de objetivos, las revisiones periódicas y la retroalimentación constante se están convirtiendo en comunes y próximamente serán adoptados nuevos modelos de evaluación.

Se puede decir que las características de las nuevas tendencias son las siguientes:

- Los empleados quieren más retroalimentación. Influidos por su experiencia en redes sociales, la gente quiere obtener y dar retroalimentación constante. En la época de la inmediatez no se puede dar *feedback* sobre cosas que ocurrieron hace meses.

- El *coaching* adquiere un sentido diferente, ya que sustituye la evaluación por diálogo enfocado al desarrollo individual y se replantean los objetivos y el progreso, basándose más en las fortalezas que en corregir las debilidades.

- Prevalecen como elementos más importantes el trabajo en equipo y la colaboración, el aprendizaje, el auto-desarrollo y el esfuerzo, así como la alineación a los valores y la cultura de la organización.

- Desaparecen las calificaciones, permitiendo a los líderes tomar decisiones y una mayor libertad para recompensar. Se separa la decisión de bonus y compensación del momento de la evaluación.

- Al buscar un *feedback* permanente se pretende una mejor alineación con las habilidades de cada empleado y el rol hacia las metas.

- La transparencia se convierte en un valor fundamental, dando completa visibilidad a las retroalimentaciones y valoraciones y a los criterios para la toma de decisiones, compensación y recompensas, apoyado en herramientas digitales.

Los nuevos SED precisan del apoyo de un *software* adecuado. En este sentido, los proveedores de RR.HH. (Workday, Success Factors, Meta4, etc.) están desarrollando nuevos sistemas con las siguientes características:

- Permiten que los objetivos sean más sociales y transparentes, móviles y digitales (los miembros del equipo pueden establecer, compartir y colaborar en los objetivos en línea).

- Habilitan un seguimiento fácil del progreso y proporcionan retroalimentación continua.
- Despliegue de datos analíticos.
- Apoyo al desarrollo profesional.
- Ofrecen más fácil integración con otros sistemas.

El impulso hacia la mejora continua en las organizaciones hace que cada vez sea más necesario poder dar *feedback* permanente a los colaboradores De ahí que las empresas necesiten información en tiempo real sobre su desempeño. Para ello existen herramientas tecnológicas como la aplicación creada por AmactionHR denominada Teamrate. Esta herramienta agiliza el proceso de evaluaciones, ya que permite cargar los perfiles de cada empleado, asociarlo a las competencias a evaluar y hacer anotaciones en tiempo real sobre sus comportamientos, simplificando así la realización del informe final de evaluación y podríamos poner muchos otros ejemplos de aplicaciones o herramientas que han sido desarrolladas para facilitar la gestión del desempeño de forma casi instantánea.

En definitiva, resulta inevitable que en la era de la transformación digital y de la innovación se reinvente el SED, transformándolo en consonancia con los cambios externos que se están produciendo y con la incorporación de las nuevas generaciones al mundo laboral. Además, se cuenta con la ventaja de los avances tecnológicos, que pueden ayudar a que los procesos resulten mucho más dinámicos e interactivos.

3. ¿POR QUÉ EVALUAR EL DESEMPEÑO?

A pesar de sus detractores, no cabe duda de que el SED es uno de los procesos clave en la gestión de personas, que permite armonizar las expectativas entre cada empleado y la organización, ayuda a centrar el foco y las prioridades y aporta elementos clave para el desarrollo profesional. También contribuye al incremento del compromiso y el rendimiento. Partiendo de estas premisas nos preguntamos si hoy en día está suficientemente justificada dentro de la empresa la conveniencia de implantar un SED.

Más allá de los argumentos técnicos, resulta evidente la necesidad de concretar el retorno de la inversión del SED en términos económicos. No se trata de una ecuación fácil pues, como otras actividades propias de la gestión de personas, resulta complicado cuantificar sus beneficios, sobre todo en el corto plazo. No obstante podemos buscar indicadores relacionados y cuantificar sus resultados en función de lo que puede aportar a la empresa un SED adecuado y bien gestionado. En este sentido, Armstrong (2006) clasificaba los beneficios del proceso cíclico de la gestión del desempeño en:

1. Empoderar, motivar y recompensar a los empleados para que hagan lo mejor que puedan.
2. Centrar a los empleados en las tareas importantes para la empresa y conseguir que su ejecución sea correcta, siempre alineando los objetivos individuales con los de la organización.

3. Dotar de forma proactiva de recursos a los empleados para que puedan desempeñar su trabajo en las mejores condiciones posibles.
4. Maximizar el potencial de las personas y los equipos para beneficiarse a sí mismos y al resto de la organización, centrándose en la consecución de sus objetivos.

Un buen SED obliga a homogeneizar criterios, lo que contribuye a la mejora de la comunicación, pieza clave para que todos trabajen coordinadamente para la consecución de los objetivos marcados. Sin perjuicio de la cuestión económica, conviene reseñar que las personas son la esencia de la empresa. El empleado tiene la necesidad de contar con *feedback* de la misma para dar sentido a su trabajo, sentirse reconocido y recompensado cuando proceda, así como tener una explicación de las decisiones que le afectan. No se trata de altruismo, sino de conveniencia empresarial; basta mirar las prácticas de las empresas más rentables. Por otra parte, lo que suele ocurrir en la empresa que no transmite claramente sus objetivos es que cada uno hace lo que le parece que está bien, generando resultados dispersos, y por lo general más pobres de lo que se espera. Por eso cabe preguntarse cuál es el aporte del SED para los diferentes integrantes de la empresa.

Para la organización

- Establecer un estilo de dirección común, capaz de transmitir a los diferentes niveles la estrategia y objetivos de la empresa.
- Clarificar la importancia y el significado de los diferentes puestos de trabajo.

- Estimular a las personas para el logro de mejores resultados.
- Valorar objetivamente las contribuciones individuales y el grado de ajuste de las personas a los puestos.
- Mejorar el rigor y la equidad de las decisiones que afectan al desarrollo de los RR.HH. (promoción, formación, etc).

Para los empleados

- Conocer los parámetros fijados para valorar su actividad profesional y los objetivos del puesto para un periodo dado.
- Conocer la valoración de sus jefes en cuanto al trabajo realizado, sus propuestas para la mejora y desarrollo profesional.
- Desarrollar la comunicación con su superior inmediato, facilitando la transmisión de su punto de vista, sugerencias y expectativas profesionales, estableciendo en su caso planes de acción.

Para los empleados con responsabilidad de mando y evaluadores

- Disponer de un sistema de información sobre el trabajo de su equipo en función de parámetros preestablecidos y objetivos fijados.
- Detectar problemas y oportunidades de los colaboradores, especialmente su potencial de futuro, contando con elementos de comparación entre ellos.
- Apoyo objetivo a las decisiones sobre carrera profesional de los evaluados (promociones, formación, compensación), generando sensación de equidad.

- Posibilidades de analizar el histórico de la trayectoria profesional y poderlo transmitir en caso de cambios de jefatura.
- Fomentar la comunicación y la cooperación con el evaluado.

Para la dirección de gestión de personas

- Herramienta técnica imprescindible para el ejercicio de su gestión, que proporciona los datos necesarios para realizar con una base objetiva gran parte de las acciones que le son propias, tales como formación, selección, compensación salarial, detección de problemas, análisis del potencial, comunicación interna, etc.
- Poder responder a los requerimientos y quejas de los empleados con fundamento en datos objetivos.

Para la dirección general

- Es un sistema de información periódico y objetivo sobre:
- Niveles de desempeño a nivel global y de cada departamento.
- Grado de cumplimiento de objetivos de la empresa.
- Competencia del equipo directivo en cuanto a la gestión de sus equipos.
- Detección de problemas y oportunidades, fortalezas y debilidades en cada parcela de la organización.
- Apoyo a las decisiones en cuanto a las personas, con una base más objetiva y equitativa.

Estas son tan solo algunas de las razones por las que se entiende que en las organizaciones es preciso evaluar el desempeño. A lo largo de este libro se descubrirán algunas más.

4. ESTRATEGIA DE NEGOCIO Y DESEMPEÑO

No se puede afirmar que siempre haya existido una relación entre la estrategia de las empresas y sus modelos de evaluación del desempeño, sino más bien los sistemas de evaluación se han implementado de manera independiente, sin nexos en común. Esto es precisamente lo que ha provocado el que los modelos de gestión del desempeño hayan sido cuestionados y hayan estado siempre sufriendo una constante evolución.

En este apartado de la obra se analizan las claves de un correcto alineamiento entre la estrategia empresarial, orientada a conseguir los objetivos de negocio, y una gestión de la evaluación del desempeño que permita que los profesionales que forman parte de las organizaciones desarrollen su máximo potencial. Las claves de un correcto alineamiento son siete, cada una con sus particularidades, y todas ellas deben ser tenidas en cuenta para el éxito del SED. A saber:

1. Factores de alineamiento entre la gestión del desempeño de la empresa y el desempeño individual.
2. Características de los objetivos de la empresa.
3. Características de los objetivos individuales.
4. Medición de los objetivos.
5. Plan de reconocimiento.
6. Aspectos del contexto actual.
7. Factores comunes entre los sistemas de gestión, el empresarial y el de desempeño.

En definitiva, siete claves de este correcto alineamiento que permitan un ganar-ganar en el que, tanto el negocio como los miembros de la organización, se vean afectados positivamente por la correcta relación entre ambas estrategias. El que los empleados se sientan partícipes del desempeño y de los resultados marcará el éxito de cada empresa.

Las empresas tienen como objetivo obtener beneficios, ser rentables y tener crecimiento. Hay muchas formas de conseguirlo, pero una parte fundamental viene siempre constituida por el capital humano, como elemento diferenciador en el mercado global en el que compiten y desarrollan sus negocios. Las estrategias empresariales han evolucionado con el paso del tiempo y, cada vez más, incluyen indicadores que no solo se basan en lo anteriormente citado, sino que amplían su foco hacia entornos, resultados y objetivos más sostenibles.

En el pasado, el concepto sostenibilidad se circunscribía al ámbito económico de cada empresa, y quizá a su impacto en el medioambiente. Sin embargo este concepto se ha hecho más global e integrador. Actualmente, cuando se define la estrategia empresarial se tiene en cuenta el impacto que tendrán los resultados empresariales en la sociedad y en el entorno en el que esta opera. Esto lleva a que la aportación que se hace, tanto desde las empresas como por parte de las personas que las integran, se mida teniendo en cuenta la consecución de objetivos más sostenibles.

ALINEAMIENTO DE LA GESTIÓN DEL DESEMPEÑO DE LA EMPRESA CON EL DESEMPEÑO INDIVIDUAL

A continuación se analizan algunos factores que nos ayudan a facilitar el alineamiento entre la gestión del desempeño de la empresa y el desempeño individual:

1. Valores. El desempeño y la consecución de los objetivos de la organización deben estar basados en los valores de la misma. Una organización sin valores es como un cuerpo sin glóbulos rojos, ya que ellos son los que transportan el oxígeno necesario para seguir viviendo. Estos valores tienen que formar parte de cada uno de los miembros de la organización, no en el mismo número, no en la misma proporción, pero sí garantizando el que todos y cada uno de sus integrantes los conozcan y los hagan suyos. En la gestión del desempeño individual los valores deben tenerse en cuenta en su justa medida según la importancia que tengan en el rol que cada uno desempeña. Tener definidos los valores y no analizar si cada actuación o acción que se lleva a cabo está, o no, guiada y alineada con los mismos no tiene sentido y hace que dichos valores pierdan sentido dentro de la organización.

2. Transparencia. Sin duda, la transparencia es actualmente un valor al que aspiran muchas organizaciones y que está presente en los aspectos de la estrategia empresarial. Pero esto no siempre ha sido así, ya que la transparencia, entendida como hacer pública la estrategia de una empresa, no era una práctica habitual, y los ejecutivos y los accionistas antes no la valoraban positivamente. Ser transparente significa hacer pública la definición de la estrategia y los objetivos empresariales. De esta manera se facilita el alinearlos con los objetivos individuales que se le marcan a cada miembro de la empresa. La transparencia también incentivará y desembocará en una mayor eficiencia, ya que, al estar claros y ser conocidos por todos los objetivos, será más fácil definir cómo conseguirlos.

3. Agilidad. En un mundo tan cambiante como el actual los objetivos de una organización empresarial deben tener un alto componente de agilidad, entendida no como una metodología de trabajo, sino como una rápida adaptación por parte de los miembros de la misma a sus necesidades y a los cambios del entorno. En definitiva, que la estrategia de la empresa, y sobre todo sus objetivos, se puedan adaptar a los cambios de una manera acertada, rápida y sin alterar el ADN propio de cada empresa. Para ser ágiles, las competencias y habilidades deben poder dar respuesta y tener capacidad para proporcionar esa agilidad que se demanda.

4. Corresponsabilidad. En el pasado, la estrategia empresarial y de negocio estaba considerada una responsabilidad exclusiva de los ejecutivos de la empresa. La consecución de los objetivos individuales de los directivos impactaba en su compensación y era entendida de forma independiente. Podemos decir que esa era la realidad de las empresas sin una estrategia de objetivos de negocio sostenible. En la actualidad esto está cambiando, ya que la corresponsabilidad está muy presente en la estrategia: para la consecución de los objetivos, tanto empresariales como individuales, ambos deben estar alineados, y todos los que forman parte de la empresa ser responsables de su consecución. Lo que haga un miembro de la organización debe tener, pues tiene impacto en cada paso que dé la empresa. Eso no quiere decir que el nivel de responsabilidad sea el mismo para todos y cada uno de los que forman parte de esta. Adecuada al grado de responsabilidad de cada miembro de la empresa, cada acción tendrá un impacto en los que nos rodean y, si todos lo hacemos correctamente, será más fácil conseguir los objetivos planteados. Eso es la corresponsabilidad.

Estas ideas se pueden resumir en la siguiente imagen:

Figura 1. Factores de alineamiento entre la gestión del desempeño de la empresa y el desempeño individual.

Valores, transparencia, agilidad y corresponsabilidad son las características necesarias para definir los objetivos a conseguir en una empresa a través de su estrategia de negocio. Todas estas características deben estar establecidas y ser conocidas para que, a través de los objetivos de desempeño individual de cada miembro de la empresa, se puedan alinear y hacer que tengan influencia la una sobre la otra. Esto dará como resultado el marco de referencia de las estrategias de negocio en la actualidad y permitirá tener un sistema de evaluación del desempeño que valore el impacto y la contribución de cada individuo en la empresa.

Alinear la estrategia de negocio con la gestión del desempeño es uno de los más importantes retos para avanzar en la misma dirección y en la obtención de resultados positivos, tanto para la organización como para sus miembros. En este sentido, uno de los aspectos sobre los que cada organización debe reflexionar es la vinculación directa del desempeño a los salarios.

Históricamente las organizaciones han establecido sistemas de gestión del desempeño vinculados a la retribución, ya sea fija, variable o en su totalidad. En un contexto como el actual, con los cambios constantes y la flexibilidad requerida, cualquier sistema de gestión del desempeño indexado únicamente a las decisiones salariales puede incentivar la pérdida de talento, dificultando el que la organización sea objetiva a la hora de evaluar a quienes la conforman, con el posterior o inmediato efecto en sus propios objetivos de negocio. Si se antepone el resultado empresarial a cualquier impacto positivo que el empleado pueda generar, los empleados solo verán el resultado de un ejercicio económico, lo que tendría como consecuencia directa la pérdida de credibilidad y sostenibilidad en el medio y largo plazo.

La sostenibilidad percibida tiene un impacto crucial en la carrera profesional de los participantes en las empresas. La gestión del desempeño no puede ser vista como una simple foto fija en el momento del cierre del ejercicio de la empresa. Esa foto debe ser parte del «collage» que permita al individuo desarrollarse a lo largo de su vida en la empresa, o fuera de ella. El reto está en que ese impacto vaya más allá del cumplimiento de un proceso administrativo. Para ello se debe tener en cuenta que el proceso de gestión del desempeño tiene que impactar en una serie de factores que repercutan en el individuo, entre los que cobran especial relevancia el plan de desarrollo, el plan de formación y el plan de retribuciones.

- Plan de desarrollo: permite conseguir que los puntos fuertes se afiancen y sigan desarrollándose hasta alcanzar su máximo potencial y que las áreas de mejora se corrijan o se debiliten para que no se produzca el efecto contagio.
- Plan de formación: herramienta para adquirir conocimiento y habilidades para la mejora y el desarrollo de los trabajadores y la organización.
- Plan retributivo: el desempeño, la dedicación y la consecución de objetivos deben tener un impacto en la retribución de los miembros de la organización, de manera sostenible y corresponsable, como se ha señalado anteriormente.

Si la estrategia de negocio de la organización no deja que una parte de sus decisiones estén influenciadas por los puntos anteriores, el plan de alinear negocio y gestión del desempeño no será posible.

OBJETIVOS DE LA EMPRESA

Los objetivos de la empresa deben estar claros y ser el primer paso que se debe dar a la hora de establecer la ulterior gestión del desempeño de sus miembros. Esos objetivos deben cumplir una serie de características que se podrían resumir en las siguientes:

- Realismo: Probablemente una de las grandes asignaturas pendientes de las empresas es no tener la agilidad necesaria para adaptarse a entornos cambiantes con mayor rapidez. En esta falta de agilidad influye el no plantear la estrategia y los objetivos de forma realista. Para que se produzca una correcta correlación entre estrategia y objetivos es crucial valorar y determinar los recursos financieros y humanos con los que se cuenta, tener un buen mapa del talento y conocer a fondo el mercado y la competencia. La gestión de expectativas es muy importante a la hora de conseguir el compromiso individual, y ello será un facilitador de la consecución de los objetivos y mejorará la gestión del desempeño. Por tanto la clave es establecer unos objetivos realistas, alcanzables, teniendo en cuenta todos los recursos disponibles y las circunstancias del entorno empresarial.

* Coherencia: Se ha mencionado la importancia de los valores de la organización dentro de la estrategia de negocio de una organización sostenible. Los objetivos que están presentes en la estrategia de negocio deben ser coherentes con esos valores para poder tener impacto en los individuales y así alinearlos todos en la misma dirección. La incoherencia entre valores, estrategia y objetivos provocará falta de credibilidad y un impacto negativo en la organización.

* Mensurabilidad: Un paso previo a la medición de objetivos individuales mediante el SED debe ser la medición de los objetivos de la empresa para ver si cumplen con su estrategia de negocio. Para conseguir que ambos se puedan medir es esencial que exista un alineamiento entre las gestiones de la empresa y las individuales. Esta medición debe ser ágil para poder dar respuesta rápida a las expectativas del entorno y de los propios miembros de la organización. Además, la medición de los objetivos debe ser transparente y entendible por todos.

* Reto: Para desarrollar el talento, y que siga aportando a la organización, los objetivos deben ser retadores, para todos los empleados y a todos los niveles. El retar para

conseguir una mejor empresa a través de los objetivos de negocio es fundamental para que los individuos que la componen sean mejores profesionales y puedan trasladar sus conocimientos y habilidades a la propia empresa o a otras en las que se desarrolle en el futuro. Todo esto mejorará la competitividad dentro de la empresa y la de la empresa en el mercado.

Un aspecto muy importante en todo el proceso SED es la comunicación. Ya se ha comentado que en las organizaciones sostenibles el valor de la transparencia resulta fundamental. Pero todo ello debe estar soportado por una comunicación ágil y responsable. Uno de los grandes cambios que las organizaciones deben llevar a cabo para poder tener una mejor gestión del desempeño es, sin duda, mejorar la comunicación de los objetivos de negocio. En ocasiones, dentro del proceso de comunicación de objetivos se ha dado una gran importancia al resultado final, sin tener en cuenta que este debe ser valorado a la luz de los objetivos que previamente se hayan trasladado a la organización. Por tanto, «incluir» en el proceso de definición de objetivos, tanto de negocio como individuales, una comunicación transparente, permitirá incrementar el grado de objetividad que todo proceso debe llevar aparejado. Comparar resultados con objetivos comunicados es la clave.

OBJETIVOS INDIVIDUALES

A continuación expondremos algunos aspectos relevantes que hay que tener en cuenta a la hora de la definición de los objetivos individuales y las características que deben tener.

• Objetivos en etapas. Mientras que la organización debe marcar una serie de objetivos que, aunque sean ágiles y flexibles, determinen su recorrido en el medio y largo plazo, a la hora de «aterrizarlos» para cada individuo se debe tener en cuenta que tienen que ser «revisados» con mayor periodicidad. Hasta hace poco tiempo la tendencia en la gestión de la evaluación del desempeño era marcar unos objetivos anuales que como mucho se revisaban un par de veces a lo largo del ejercicio. En la actualidad esto no debe ocurrir. El ritmo y la velocidad a la que nuestro entorno y los negocios cambian implica y demanda hacer múltiples revisiones y cambios a lo largo del ejercicio; de ahí el término «objetivos en etapas». No se trata simplemente de evaluar el resultado y el cumplimiento el proceso, sino de algo más profundo; analizar las áreas de mejora de cada individuo, y reforzar y destacar las fortalezas que se han manifestado en cada periodo para que puedan trabajarse y potenciarse en lo que reste del ejercicio.

Establecer objetivos por etapas tiene una estrecha relación con la revisabilidad, y por tanto con la agilidad necesaria para poder conseguir una organización sostenible. Y esta revisión periódica debe hacerse a través de una información transparente mediante la cual los empleados conozcan cómo van evolucionando y, sobre todo, cómo van cumpliendo el camino marcado para contribuir a la consecución de los objetivos de la organización.

Los objetivos por etapas permiten adaptarse a las circunstancias que vayan acaeciendo en la organización, en el entorno y en la propia casuística de cada individuo. Si esa adaptación no se incluye en los objetivos por etapas, su revisión no tendrá el efecto pretendido.

En el entorno cambiante en el que viven inmersas las empresas, la adaptación se ha convertido en una característica esencial.

- Crecimiento profesional. La definición de los objetivos de los miembros de la organización por etapas no debe centrarse en el simple cumplimiento de un proceso de gestión del desempeño, sino que debe permitir conocer la evolución del desarrollo y el crecimiento en conocimientos y habilidades de los empleados. Este aspecto tiene impacto en la estrategia de negocio en cuanto a la atracción de talento y permite la diferenciación de los competidores.

- Adecuados a la posición. Las organizaciones tienen diferentes roles y puestos que ocupan diferentes individuos. La suma de los objetivos de todos ellos, si se consigue, permitirá que la empresa consiga los suyos. El verdadero trabajo de adecuación de los objetivos de la organización a los individuales es clave para que los procesos de gestión del desempeño funcionen. La adaptación a cada puesto, rol o posición debe permitir que los objetivos que se marquen sean retadores para cada persona en función del puesto que se ocupe, pero también para los posibles puestos futuros que puedan desempeñar. Ese será el «motor» de crecimiento y desarrollo profesional que debemos ofrecer a todos los empleados para que pongan su talento a disposición. Además de ser retadores deberán tener su componente de coherencia y estar adaptados a las capacidades, habilidades y circunstancias individuales.

- Autoevaluación. La autoevaluación no es una característica, sino una parte del proceso de evaluación del desempeño. Cada integrante de una empresa debería realizar su autoevaluación antes de validar con la organización si ha conseguido los objetivos planteados. Este aspecto conlleva el aspecto de transparencia que necesita cada proceso de gestión del desempeño para que ambas partes lo consideren como suyo. Una gestión del desempeño sin la consiguiente autoevaluación será entendida como responsabilidad exclusiva de la organización y no facilitará la alineación entre estrategia y objetivos individuales. Realizar una autoevaluación también permite a los individuos conocer sus áreas de mejora antes de la medición que se efectúe desde la organización y facilitará algo tan importante y crucial como es la comunicación final.

- Planes de futuro. Toda definición de objetivos debe tener en cuenta los planes de futuro para el individuo y la organización que los tiene que conseguir. El sentido de los objetivos realistas y retadores expuesto anteriormente alcanza todo su significado para el empleado si se vinculan con el futuro de la organización y de los individuos que hay dentro de ella. Tanto la organización como los individuos deben trabajar en construir diversos itinerarios para que el camino elegido en base a los resultados obtenidos permita poder seguir desarrollando talento, adquirir conocimientos y habilidades y, en definitiva, que se siga produciendo ese ganar-ganar tan deseado.

- Comunicación. En las características de las organizaciones sostenibles, la comunicación es el pilar de los objetivos individuales. Llegado el momento en el que cada miembro de la empresa debe saber y conocer a dónde tiene que llegar, es clave que ambas partes «hablen el mismo idioma». Una comunicación no debe ser el simple acto de informar cuáles son esos objetivos por conseguir. Se requiere una discusión en ese mismo lenguaje, co-responsabilidad, y sobre todo que con ello se permita realizar un plan a futuro. La estrategia de negocio perderá fuerza cuando no sea trasladada a los objetivos individuales a través de una comunicación sincera y realista. Al fin y al cabo, una comunicación mala o errónea puede llevar a que fracase el sistema de gestión del desempeño y a un impacto negativo en la consecución de los objetivos individuales y de estrategia de la empresa.

En el cuadro siguiente se reflejan los aspectos expuestos, entre los cuales la comunicación se sitúa en el centro y ocupa un papel transversal.

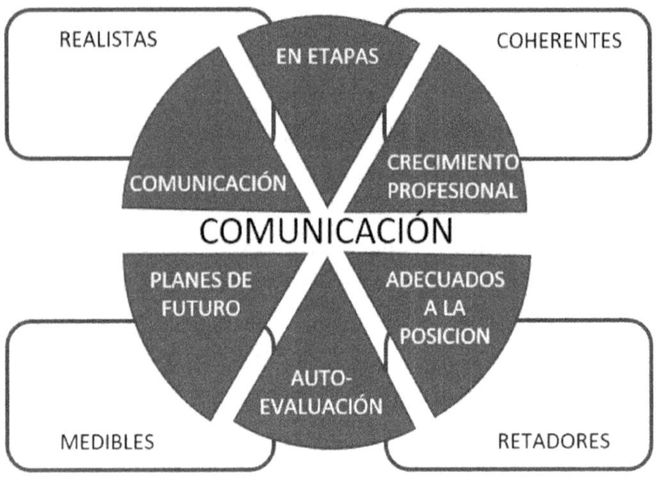

Figura 2. Aspectos relevantes en la definición de los objetivos individuales.

Se han detallado las características que deben tener los objetivos de negocio en una empresa sostenible para poder trasladarlos a cada caso individual para que tanto la gestión de la estrategia de negocio como la gestión del desempeño estén alineadas y puedan ser consecuentes la una con la otra. Todo ello para poner a disposición de la organización el mejor talento durante el mayor tiempo posible. Una de las características fundamentales debe ser la medición de esos objetivos ya que de otra manera todo este proceso perdería credibilidad.

CARACTERÍSTICAS DE LA MEDICIÓN DE OBJETIVOS

A la hora de la medición de esos objetivos se deben tener en cuenta una serie de características para que el mismo se realice de forma exitosa. Vamos a detallar algunas de ellas.

* Áreas de influencia. Anteriormente se ha hecho mención a la necesidad de adaptar los objetivos a cada posición o rol de la organización e incluso a que, dependiendo de la persona o individuo que lo ocupe, se deban establecer unos objetivos u otros. Para ello es fundamental poder perimetrar las áreas de influencia de cada rol y cada individuo. Hay que tener en cuenta que la clave de la medición es, no solo cuantificar la participación individual en la consecución de los objetivos de negocio, sino también establecer cómo se participa en que los demás consigan los suyos.

* Bidireccionalidad. La correcta medición de los objetivos planteados pasa por un factor muy importante y es que se reconozca que han de ir en dos direcciones: de arriba abajo o viceversa. No se deben medir por una parte los objetivos que consiguen los individuos y por otra los de la organización; el sistema de medición unidireccional no tiene sentido en el contexto actual. La medición debe ser bidireccional, esto es, se debe medir el impacto que tiene la consecución de los objetivos de los ejecutivos en el resto de la organización y, al tiempo, valorar cómo la consecución de los objetivos de los niveles más bajos de la empresa impacta tanto en el impulso de esta como en la consecución de los objetivos de los ejecutivos. Esta bidireccionalidad es fundamental en una organización ágil y eficiente.

Para conseguir esta medición bidireccional y sus áreas de influencia son muy útiles tanto la analítica de datos como la inteligencia artificial. Se trata de instrumentos que cualquier organización debe usar en su estrategia de negocio y para desplegar una correcta gestión del desempeño. Sin duda, la utilización de estas nuevas herramientas supondría un cambio muy importante en los sistemas de gestión del desempeño, y en este sentido se verá una importante evolución y transformación en las empresas en los próximos años.

Con relación a la medición es muy importante que todos los miembros de la organización conozcan los parámetros a medir y cómo estos les van a afectar en la consecución de los objetivos la «influencia» de los demás. Esta es una labor que se debe hacer en todos los niveles de la empresa para que la estrategia de negocio sea única. Si todos los miembros tienen claro qué se mide, cómo se mide y el impacto de su actuación individual se podrán ir forjando líderes futuros que vivan, sientan y «respiren» los valores de una organización sostenible.

En el contexto actual de las organizaciones y empresas, la socialización y la comunicación son muy importantes para los individuos. Por ello, los objetivos y la estrategia de la organización se deben comunicar y hacerse públicos, con sus debidas reservas. Se debe aprovechar todo ello para que las organizaciones se democraticen en un aspecto tan fundamental como es la gestión del desempeño. Hoy en día los objetivos individuales y empresariales deberían ser compartidos y comunicados de forma frecuente y rápida. En este sentido es importante la bidireccionalidad expuesta. Todo esto impulsa el incremento de la colaboración en el entorno empresarial.

Las organizaciones con una estrategia empresarial bien gestionada, en las que se da importancia a la colaboración entre los empleados, tendrán más fácil conseguir la socialización de sus objetivos incrementando así la disponibilidad de sus miembros para ayudar a los demás a conseguir los suyos propios. Esta es una vía para hacer crecer el talento interno de las organizaciones, que conseguirán así tener mejores líderes futuros con unos valores únicos. Las organizaciones del siglo XXI necesitan de todos sus miembros para seguir creciendo y ofrecerles cosas distintas en cada momento vital profesional en el que se encuentren.

Este posicionamiento de tener el talento preparado para cualquier necesidad es fundamental en el entorno actual para tener respuestas correctas a preguntas que la organización se pueda hacer. De nuevo surge el concepto de agilidad: agilidad en el talento para poder responder con prontitud a cualquier «imprevisto» que ocurra.

Medir esa agilidad como organización debe hacerse en todos los sentidos, siendo capaces de trasladar los objetivos individuales en el corto plazo, pero con impacto en el largo plazo, que es donde de verdad cambian las empresas. La agilidad no consiste en cambiar los objetivos y las estrategias según las tendencias, sino que cada individuo pueda dar respuesta a las necesidades de cada momento y que a los componentes de la organización se les valore por tener esas habilidades de flexibilidad y por su impacto en los objetivos generales de la organización.

PLAN DE RECONOCIMIENTO

Como último paso para conseguir alinear la estrategia empresarial y de gestión del desempeño es importante definir cómo se va a reconocer la consecución de objetivos, tanto individuales como colectivos, a los miembros de la empresa. El reconocimiento, obviamente, también se tiene que comunicar, pero antes se deben abordar algunas claves que el plan de reconocimiento debe tener:

- Equidad. Todo plan de reconocimiento debe ser equitativo, pero no solo entendiendo la equidad en términos retributivos, sino en un sentido más amplio. Se deben reconocer y recompensar la aportación y el peso de la contribución de cada miembro a la estrategia de la organización y a sus objetivos. Esto variará cada año dependiendo de las condiciones de la empresa, el entorno en el que opere y el momento en que se encuentre. El sistema de reconocimiento debe también ser ágil y adaptarse a cada momento.

- Agradecimiento. La organización debe ser agradecida, incluso cuando no se consigan los objetivos, ya que los individuos habrán realizado un esfuerzo, y este debe valorarse para mantener su compromiso futuro en los próximos objetivos propuestos. Parte del proceso es que la organización identifique las razones exógenas o endógenas por las cuales no se han conseguido los resultados previstos. Ello conlleva que los valores de la empresa, y por tanto su estrategia, incorporen una cultura de agradecimiento para que el talento pueda seguir esforzándose en alcanzar el objetivo común.

- Retroalimentación. En la mayoría de las organizaciones el plan de reconocimiento se basa, a grandes rasgos, en las ideas de quienes lideran la empresa y pocas veces se permite una adecuación a las expectativas de cada uno de sus miembros. Es importante facilitar el que por parte de los empleados se valore si el reconocimiento es el correcto o no.

El plan de reconocimiento del desempeño debe incluir la corresponsabilidad de los individuos y de la organización.

La empresa no debe pretender conseguir sus objetivos sin trasladar a sus miembros lo obtenido, y estos a su vez no por conseguir sus objetivos pueden hacerlo de cualquier manera. Esa corresponsabilidad es la que lleva a ser una organización sostenible en la que el talento pueda crecer y desarrollarse.

En la siguiente imagen se representan las características que debería tener un buen plan de reconocimiento:

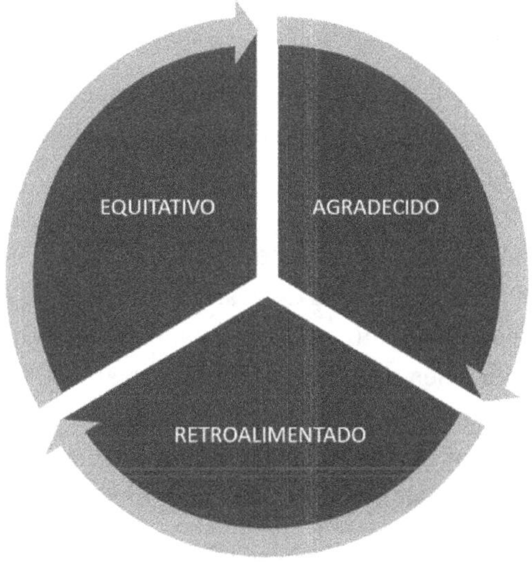

Figura 3. Claves del plan de reconocimiento.

El sistema que se ha expuesto no siempre se corresponde con la realidad del mundo empresarial. Lograr un sistema coherente en el que la estrategia y los objetivos están alineados no es ni fácil y tampoco rápido; requiere tiempo, y sobre todo predisposición de la organización para llevarlo a cabo.

Además del momento en que se encuentre la organización, hay que tener en cuenta otros factores como son la tipología de producción y servicios de la empresa, las generaciones presentes en la misma, la realidad socioeconómica, etc. Como se puede ver, son muchas variables y no todas ellas son controlables por parte de los actores internos de la organización, por lo que hay que centrar los esfuerzos en lo que se puede cambiar y gestionar desde dentro para conseguir el objetivo final propuesto: que la estrategia de la compañía y su gestión del desempeño supongan y faciliten la consecución de los objetivos por parte de empresa e individuos.

ASPECTOS A TENER EN CUENTA HOY

A continuación se muestran una serie de aspectos a tener en cuenta dado el momento actual en la toma de decisiones en relación con la estrategia y los objetivos:

- Nuevas reglas para una nueva era. Vivimos en una nueva era en la que las reglas de gestión empresarial cambian, como casi todo, muy rápidamente. A veces algunas compañías deciden que, al cambiar su estrategia de negocio, deben cambiar su gestión del desempeño; sin embargo no tiene por qué ser siempre así. La adaptación a nuevas reglas puede significar cambiar algunas de las características mencionadas, pero lo importante es acertar cuáles. La nueva era requiere agilidad y flexibilidad, y esas características son las que debe tener la estrategia empresarial, y por tanto el sistema SED.

- Enfoque en lo positivo. Una de las principales críticas que han tenido los sistemas de gestión del desempeño ha sido que se han centrado en lo que los individuos hacen mal para penalizarlos, sobre todo en materia de compensación o reconocimiento. Esta práctica es contraproducente a la hora de alinear la gestión del desempeño con la estrategia de negocio, dado que esta busca lo positivo, tener buenos resultados, crecer, obtener beneficios, etc. Los procesos de gestión del desempeño también son un acelerador del potencial de los profesionales que componen la organización. Cuando alguien ha llegado al máximo de su potencial es cuando una organización debe trabajar para que pueda realizar funciones diferentes, consiguiendo con ello más talento disponible para alcanzar los objetivos que se ha marcado.

• Uso de herramientas. A pesar de estar en la era de lo digital, todavía son pocas las empresas que aprovechan las herramientas digitales y de análisis en los procesos de gestión del desempeño. La digitalización y el análisis cobran especial importancia, no tanto en la implementación de novedosos sistemas de gestión del desempeño, sino en la medición. ¿Por qué no se utiliza la analítica de datos y la inteligencia artificial para poder medir «todo» lo que el SED requiera? Actualmente se cuenta con las herramientas necesarias para medir resultados y comportamientos; por ello lo estratégico es ser realista respecto de los objetivos propuestos y medidos, y saber en cada organización qué es lo que aporta valor y lo que no.

• Corto plazo individual vs. largo plazo empresarial. La permanencia de los profesionales en las organizaciones cada vez es menor. Ahora se requiere tener experiencias más cortas y diversas, con modelos de trabajo que incrementen la empleabilidad del individuo para después pueda tener contacto con otras organizaciones. Eso puede ser contradictorio con lo que «ofrecen» las empresas, tanto en sus objetivos de negocio, siempre más enfocados en el largo plazo, como en lo que es su oferta de diferenciación de carrera profesional. En el equilibrio de estas propuestas (los objetivos a corto plazo del individuo y cómo la empresa puede satisfacer sus expectativas a futuro) va a estar la clave del éxito de las organizaciones sostenibles. Las empresas tienen que entender que cada persona puede aportar a sus objetivos más allá de asumir un rol u otro. El tiempo en el que se permanezca en la organización, esta debe aprovechar al máximo su potencial y a su vez, a través de una correcta gestión del desempeño, identificar sus necesidades para seguir creciendo profesionalmente.

Los aspectos a tener en cuenta en el momento actual se pueden ver de manera gráfica en la siguiente gráfica:

Figura 4. Aspectos a tener en cuenta en la toma de decisiones en relación con la estrategia y los objetivos.

Como se puede ver, el momento actual es muy diferente a cualquier otro anterior en lo que se refiere a la gestión del desempeño y la gestión empresarial. Una de las características que está muy presente en las generaciones más jóvenes es la inmediatez.

Por otra parte, la inmediatez para la empresa también es una demanda de este mundo global y dinámico: hasta ahora la gestión empresarial se había preparado para tomar decisiones sobre certidumbres, y ahora el entorno obliga a adaptar la gestión empresarial. El corto plazo debe gestionarse, e incluso convertirse en algo positivo a la hora de definir la estrategia de negocio. Es decir, las organizaciones deben estar preparadas para esa incertidumbre, sea cual sea, y con ello dar valor a su visión a largo plazo. Inmediatez e incertidumbre son dos realidades cada vez más presentes en la sociedad y en el entorno empresarial.

Si se consigue que los miembros de la organización puedan ir viendo la evolución de su desempeño en el corto plazo se podrá ir incrementando su empleabilidad para dar respuesta a la incertidumbre. Alguien que pueda ir desarrollándose, evolucionando, y sobre todo aprendiendo e incrementando sus competencias, hace que su valor añadido a la empresa se multiplique. Con ello se estará preparando para el corto plazo, y a su vez teniendo un mejor talento para el largo plazo. La clave será ir construyendo planes de sucesión de cada rol y cada puesto, donde los individuos que los puedan llevar a cabo también perciban que siguen creciendo en los suyos propios a la misma velocidad que se van consiguiendo los objetivos de la organización.

El corto plazo facilitará proporcionar la respuesta a la incertidumbre, aunque no se puede olvidar que el compromiso con la organización se genera en el largo plazo. Ese compromiso de cada individuo es lo que hará que la estrategia de negocio se vaya cumpliendo de manera sostenible, destacando como una organización diferencial en el mercado de trabajo para poder seguir atrayendo talento y, como no puede ser de otra manera, gestionándolo y desarrollándolo.

Para poder alcanzar los objetivos del largo plazo las organizaciones deben aprender de los errores que se han producido en los sistemas de gestión del desempeño. Al estar muy pendientes de la comunicación constante y el «dato» del desempeño se ha olvidado que la clave de un buen sistema de gestión del desempeño es poner el foco en el desarrollo del individuo para que pueda aportar valor y, al mismo tiempo, conseguir mejorar su empleabilidad. Lo importante es conseguir el ganar-ganar de la organización y el individuo, y para ello es esencial desarrollar a los profesionales.

Otro aspecto que debe tener un gran impacto en la gestión del desempeño de los individuos en el largo plazo –y por tanto también en la consecución de los objetivos de la organización– es poner el foco en lo que se hace bien. La inmediatez actual lleva, la mayoría de las veces, a centrar la atención en lo que se ha hecho mal, lo cual tiene un doble efecto: por un lado, la frustración que genera en el individuo, que percibe que su desempeño es negativo. Por otro, si no hay una vertiente positiva en el desempeño, es complicado construir una relación en el largo plazo para conseguir el compromiso.

Cuando una organización no consigue sus objetivos de negocio no quiere decir que haya realizado todo mal. Lo más probable es que haya hecho muchas acciones bien y sus objetivos no fueran todo lo realistas que debieran. En el caso de los individuos se dan las mismas condiciones; si el SED se centra solo y exclusivamente en lo negativo del desempeño, se estará ante un sistema falto de rigor y, por tanto, erróneo.

El rigor de una organización, y de su sistema de gestión del desempeño, afecta como ningún otro elemento a algo tan capital, y que debe ser el ADN de la organización, como son los valores y la ética. En la actualidad, si los valores y la ética de una empresa no son sólidos, su capacidad de atraer talento se reduce de manera significativa y la aspiración de conseguir sus objetivos de negocio será más que improbable. Con menos talento el resultado es peores organizaciones.

FACTORES COMUNES ENTRE LOS SISTEMAS DE GESTIÓN EMPRESARIAL Y DEL DESEMPEÑO

Hay algunos factores comunes entre los sistemas de gestión empresarial y del desempeño. De entre ellos cabe destacar:

*   Flexibilidad. Se debe abogar por organizaciones flexibles capaces de dar respuesta a la incertidumbre e inmediatez de la sociedad actual. Se han generado y creado muchas nuevas formas de trabajar, agrupadas en nuevas metodologías, pero con un nexo común: la rapidez para dar respuesta ante situaciones inesperadas. Tener talento con capacidades de flexibilidad y adaptación permite que la estrategia empresarial también lo pueda ser.

*   Sostenibilidad. La sostenibilidad de la organización es lo que va a darle recorrido a largo plazo. Está demostrado que se deben tener respuestas para el corto plazo pero que, si el talento no aporta valor en el largo plazo, la organización no conseguirá sus metas. Ninguna empresa vive si no es sostenible en el tiempo.

*   Participación. Los individuos que forman parte de la organización tienen que «sentir» eso mismo, que forman parte de esta. La estrategia, además de comunicarse, debe escuchar las expectativas de sus miembros para ver si son realistas o no.

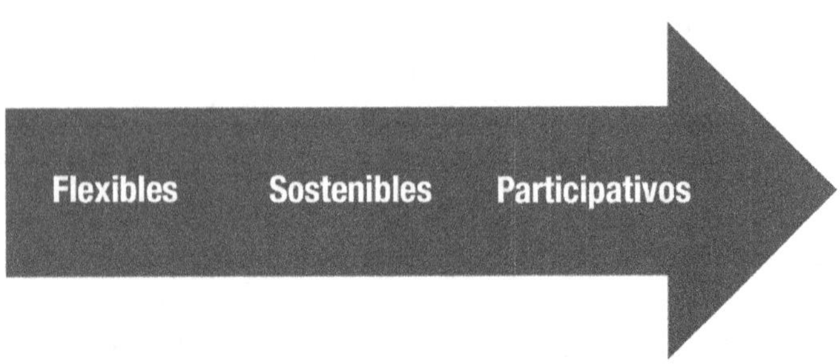

Figura 5. Factores comunes entre los sistemas de gestión empresarial y del desempeño.

En definitiva, alinear la estrategia de la empresa y los objetivos individuales, y hacerlo teniendo en cuenta el entorno cambiante y volátil mundial actual, requiere desarrollar las características que se han expuesto en este apartado. El comportamiento de todos y cada uno de los individuos que forman parte de una organización es esencial para el éxito empresarial.

5. IMPLICACIONES FINANCIERAS Y CUANTITATIVAS DE LOS SED

La evaluación del desempeño es una herramienta de gestión de personas que se ha utilizado en varios procesos de las empresas, como la retribución de los empleados, la mejora del rendimiento a través de la formación, la promoción, e incluso para determinar qué empleados no deben continuar en la organización. Antes de implantar en la empresa un proceso de gestión del desempeño laboral es importante realizar un análisis de las implicaciones financieras que conlleva, tanto desde la perspectiva de costes como de beneficios.

Además, el proceso de evaluación del desempeño tiene numerosos aspectos de carácter cuantitativo que analizaremos a lo largo de este apartado.

INDICADORES DE DESEMPEÑO O KPI'S

En la metodología de la gestión del desempeño resulta clave definir previamente los indicadores con los que vamos a medir el desempeño. Son los llamados indicadores de desempeño o KPI's (*Key Performance Indicators*), que aterrizan en términos numéricos el rendimiento de los trabajadores de una empresa para analizar cómo ha sido el desempeño laboral de cada empleado.

Los KPI's afectan a todas las áreas de la actividad de la empresa proporcionando información sobre la producción, el retorno de la inversión (ROI) y la calidad de los servicios. Cada empresa establecerá sus propios KPI's en función de su modelo de negocio, conformando un cuadro de mando que proporcione en tiempo real la información básica de gestión.

Durante la segunda mitad del siglo XX se ha afirmado que los KPI's debían ser SMART, de las siglas en inglés, *Specific* (específico), *Mensurable* (medible), *Achievable* (alcanzable), *Relevant* (relevante) y *Timely* (temporal). Sin embargo, en los nuevos entornos el contexto varía con frecuencia y la tendencia es que los objetivos sean FAST: Frecuentemente debatidos, Ambiciosos, Específicos y Transparentes. En este entorno VUCA, los KPI's tienen plena vigencia en la mayoría de las empresas. Por ejemplo, en las corporaciones tecnológicas cada vez se complementan más con la metodología OKR (*Objectives and Key Results*) que se aplica para alinear a todo el equipo a nivel organizacional y centralizar el enfoque para que así todos puedan trabajar sinérgicamente hacia objetivos en común.

Definir previamente los objetivos específicos de cada empleado que se van a evaluar (los KPI's) y alinearlos con los objetivos globales y estratégicos de la empresa es un eje sobre el que rota el éxito de la evaluación del desempeño, aunque lamentablemente es uno de los puntos donde fallan más las empresas.

EL PROCESO CÍCLICO DE LA GESTIÓN DEL DESEMPEÑO

Para Montejo (2001), la evaluación del desempeño laboral es «un procedimiento estructural y sistemático para medir, evaluar e influir sobre los atributos, comportamientos y resultados relacionados con el trabajo, con el fin de descubrir en qué medida es productivo el empleado y si podrá mejorar su rendimiento futuro, que permite implantar nuevas políticas de compensación, mejora el desempeño, ayuda a tomar decisiones de ascensos o de ubicación, permite determinar si existe la necesidad de volver a capacitar, detectar errores en el diseño del puesto y ayuda a observar si existen problemas personales que afecten a la persona en el desempeño del cargo».

Esta idea de procedimiento la desarrolla la Asociación Española para la Calidad (AEC), que entiende la evaluación del desempeño como «un proceso sistemático y periódico de estimación cuantitativa y cualitativa del grado de eficacia con el que las personas llevan a cabo las actividades y responsabilidades de los puestos que desarrollan».

La gestión del desempeño no es por tanto una acción puntual, sino un proceso continuo y cíclico que persigue un cambio útil para la organización, y que debe llevar aparejado un procedimiento con fases bien definidas y estructuradas (Stoner J. & Wankel, C., 1990), tal y como se muestra en la siguiente figura.

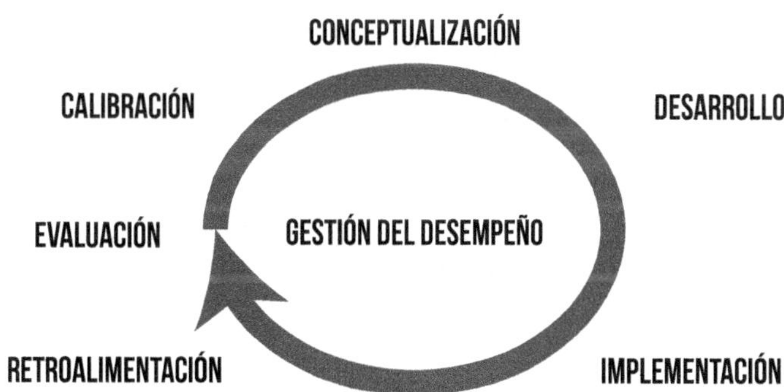

Figura 6. Fases del proceso de gestión del desempeño. Fuente: elaboración propia a partir del ciclo dinámico para implementación de un cambio de Stoner & Wankel, 1990.

A continuación se describen cada una de las fases del proceso:

- Conceptualización del puesto de trabajo, esto es, una descripción del puesto de trabajo donde se especifica qué se espera de los empleados, lo que en mundo anglosajón se conoce como «*Job description*» (Stoner & Wanken, 1990).

- Desarrollo, fase donde la empresa fija cuál sería el desempeño normal del empleado en función de los niveles deseados habitualmente descritos en la *job description*. También en esta fase se define si se quieren evaluar resultados que se apoyan en criterios objetivos o comportamientos que tienen una base subjetiva. Y respecto a esos resultados pueden ser resultados de desempeño individual, como ventas por mes, desempeño grupal o departamental, como cuota de mercado, o desempeño empresarial, como el ROI. El elemento primario que subyace bajo esta fase es el acuerdo entre empleado y empleador o evaluador (Armstrong, 2006).

- Implementación, donde la empresa comprueba cuál es el desempeño real del empleado. En este momento el empleado aún no tiene oportunidad de tomar ninguna medida correctora si su desempeño o rendimiento no es el esperado por la empresa.

- Retroalimentación, fase del diálogo, donde se facilita *feedback* al empleado, qué ha hecho bien y qué puede mejorar. Para que el *feedback* sea efectivo debe realizarse siguiendo la descripción del puesto de trabajo y los KPI's acordados previamente para realizar la evaluación.

Es una fase clave donde los objetivos individuales deben estar alineados con los objetivos globales de la organización. El elemento primario que subyace en esta fase es la confianza entre empleado y empleador o evaluador.

- Evaluación, fase en la que, tras tener información del desempeño, tras haber dialogado con el empleado sobre qué ha hecho bien y qué debe mejorar, se realiza la evaluación de su desempeño. Tras la retroalimentación, con toda la información disponible se evalúa finalmente su rendimiento en función de los objetivos fijados y acordados previamente. Normalmente, con carácter previo a la evaluación existe también una autoevaluación que el trabajador puede compartir voluntariamente con su evaluador para contrastar opiniones.

- Calibración. Esta fase es optativa, aunque muy recomendable para garantizar una evaluación justa y que no dependa de los sesgos de un posible evaluador. La empresa puede optar por calibrar o contrastar con otros evaluadores (comité de evaluación) el desempeño de un empleado, asegurándose de que diferentes evaluadores aplican estándares similares en la valoración (Grote, 2000).

Es importante destacar el carácter cíclico del proceso, pues al finalizar la fase de evaluación, y opcionalmente la de calibración, puede ocurrir un cambio en las descripciones de puesto de trabajo si la realidad del trabajo no se corresponde con lo que el empleado debe realizar en teoría. En un entorno como el actual es importante contemplar estas posibles variaciones en la fase de conceptualización para que la evaluación del desempeño sirva a su objetivo final, que es medir, evaluar e influir sobre los atributos, comportamientos y resultados relacionados con el trabajo.

Las derivadas básicas del proceso las podemos agrupar en tres: (I) el ámbito retributivo, (II) el ámbito de desarrollo profesional (formativo y de planes de carreras) y (III) el ámbito de la no calidad.

Ámbito retributivo

Uno de los procesos más habituales que utiliza la evaluación del desempeño como base es la retribución del empleado. Resulta clarificadora la definición de Bustos & Prats (2013): «La evaluación del desempeño es una apreciación sistemática del valor que una persona demuestra, por sus características personales y/o por sus prestaciones, a la organización de la que forma parte, expresada periódicamente conforme a un preciso procedimiento conducido por una o más personas conocedoras de la persona y del puesto de trabajo».

La eficacia de los sistemas retributivos puede significar la diferencia entre obtener una ventaja competitiva o no obtenerla, siendo a su vez la retribución salarial uno de los gastos más significativos de las compañías. Los sistemas retributivos muestran el valor que un empleado tiene para la organización, ya sea este definido en términos de desempeño directo (por ejemplo, número de ventas para un comercial), en términos grupales (por ejemplo, cuota de mercado alcanzado para el departamento de ventas), o en términos de toda la empresa (por ejemplo, ROI para el CEO).

En el ámbito retributivo resulta imprescindible tratar aquellos conceptos que lo delimitan y determinan su éxito: el coste de la motivación, la campana de Gauss o curva de utilidad, la matriz de méritos o incrementos salariales y la variabilización de los costes laborales.

- El coste de la motivación. La teoría clásica de la expectativa de Vroom (1964) afirma que cada trabajador estará más o menos motivado en función de tres elementos: en primer lugar, dependerá de la expectativa que tenga sobre la relación entre esfuerzo y rendimiento; en segundo lugar, dependerá de la relación entre su rendimiento y la recompensa que otorga la empresa (normalmente en forma de retribución), y por último dependerá de la percepción personal que tiene sobre el valor que otorga a la recompensa de la empresa.

Por tanto, y para conseguir la motivación del empleado en un proceso de evaluación del desempeño, resulta fundamental que esté claramente especificada la recompensa que otorgará la empresa en función del rendimiento obtenido, pues así el colaborador será capaz de orientar en un sentido u otro su esfuerzo personal para cumplir con los objetivos previamente establecidos.

Cuando analizamos los componentes retributivos en la empresa diferenciamos entre retribución directa e indirecta. La retribución directa suele ser monetaria, y puede distinguirse entre retribución fija y variable. Tradicionalmente se ha afirmado que la retribución fija marcada por la descripción del puesto de trabajo remunera la presencia, mientras que la retribución variable remunera el desempeño. En cualquier caso, la remuneración fija se puede establecer en función de las características del puesto de trabajo, las competencias o los comportamientos. La retribución variable puede ser individual o grupal, a corto o largo plazo. Por ejemplo, un bono sobre ventas sería un ejemplo de retribución a corto plazo; y las opciones sobre acciones, más conocidas como «stock options» (Solé, 2013), serían ejemplos de retribución a largo. Normalmente la retribución variable suele ser monetaria en forma de bono o gratificación;

sin embargo, también puede darse una retribución no monetaria en forma de premios, como vacaciones extra, bienes materiales, etc.

La retribución indirecta, también llamada en especie, es aquella retribución no monetaria que se suele vincular a situaciones personales del empleado, pero relacionadas con su puesto de trabajo. Ejemplo de retribuciones en especie son los planes de pensiones. Esta retribución juega un papel muy importante a la hora de atraer a altos directivos, aunque en el conjunto de la población española representa, según fuentes del INE del año 2018, tan solo un 0,5 % del total de la masa salarial.

Y por último no podemos olvidar la retribución emocional, el llamado salario emocional, que es el grado de satisfacción que puede alcanzar el empleado por su sentido de pertenencia y compromiso con su empresa (Polo, 2005). La Asociación Española para la Calidad (AEC) define el salario emocional como «un concepto asociado a la retribución de un empleado en la que se incluyen cuestiones de carácter no económico, cuyo fin es satisfacer las necesidades personales, familiares y profesionales del trabajador, mejorando la calidad de vida del mismo, fomentando la conciliación laboral». Aunque pueda parecer que al salario emocional es complicado ponerle un valor, pues cada persona lo valora de una forma distinta, es una tendencia a la que cada vez más empresas se unen. Una encuesta realizada por la consultora Compensa Capital Humano (2012) pidió la valoración económica figurada (en euros) de los factores de salario emocional. En términos globales, los factores mejor valorados fueron el teletrabajo, con una estimación de 2.300; la compensación flexible, con 2.200; la formación, con 2.100, o el horario flexible con 2.000.

El conjunto del sistema retributivo se puede plasmar de forma sencilla en esta fórmula:

$$CT = RDF + RDV + RI + RE$$

CT es la Compensación Total
RDF es la Retribución Directa Fija
RDV es la Retribución Directa Variable
RI es la Retribución Indirecta
RE es la Retribución Emocional

• La campana de Gauss o curva de vitalidad. Cada uno de los componentes de la compensación total de los empleados tiene impacto financiero en los costes de la empresa, pero a su vez también en la atracción, retención y motivación de los empleados. Hallar el equilibrio entre estos dos tipos de impacto determinará el éxito de la gestión de la compensación total en la empresa. Un proceso habitual en la planificación del presupuesto en los costes del personal de una empresa es destinar una cuantía a las revisiones salariales. Dicha cuantía hay que «repartirla» entre los empleados, y un criterio que se suele utilizar es distribuirla en distintos porcentajes de revisiones salariales dependiendo de si cada empleado ha tenido un desempeño superior a la media (porcentaje de revisión elevado), un desempeño en la media (porcentaje medio de revisión), o un desempeño inferior a la media (porcentaje de revisión pequeño, e incluso nulo). Para hacer esta distribución de desempeño y revisiones se suele tomar como referencia una «distribución normal» o «campana de Gauss». Este sistema se hizo popular en los años 80's cuando el recientemente fallecido Jack Welch, CEO de General Electric, lo implementó en su empresa siguiendo una ratio de 20-70-10: el 20 % mejor evaluado (los «*top performers*») se llevaban los bonus y tenían más posibilidades de ser promocionados, el 70 % (los «*good performers*») se quedaban como estaban, y al 10 % inferior (los «*poor performers*») se les daba una oportunidad de un año marcando un plan de acción y seguimiento y, si no mejoraban su rendimiento, eran degradados o despedidos. La teoría que subyacía en este sistema es que el «*stack ranking*» crea una meritocracia dentro de la compañía y eleva continuamente el nivel de desempeño general, lo que resulta en una mayor competitividad.

Cabe señalar que la campana de Gauss salarial, también denominada «curva de la vitalidad», es un sistema muy controvertido. El propio Welch abandonó este sistema en el año 2000, aunque a fecha de hoy al menos el 30 % de las empresas de la lista Fortune 500 lo utilizan. Las voces más críticas afirman que puede desincentivar a empleados y directivos al verse sometidos a un ranking forzado (Moon, S. H., Scullen, S. E., & Latham, G. P., 2016), el cual puede tener consecuencias negativas en el desempeño original, dado que las calificaciones se asignan a una curva y el éxito de un empleado depende de que otros sean evaluados de manera negativa, lo que dificulta la colaboración. Algo que constataron los empleados de Microsoft en 2013, cuando abandonaron el ranking forzado, afirmando que un sistema de campana de Gauss los obligaba a competir con sus compañeros y que era un proceso muy destructivo para con el talento interno. «Si estabas en un equipo de diez personas sabías desde el primer día que, sin importar lo bueno que fuera cada uno, dos personas iban a tener buenas calificaciones, siete normales y uno iba a tener una calificación terrible».

Si se realiza una campana de Gauss para evaluar el desempeño y, con él su repercusión sobre las subidas salariales, la metodología es simple. Como se muestra gráficamente en la figura 7, se estima la subida media anual en la retribución fija de los empleados, por ejemplo, un 3 % se sitúa en el punto en el que la campana se encuentre más alta y posteriormente se procederá a ordenar las subidas salariales de los empleados de izquierda a derecha en función de la evaluación del desempeño realizada. Aunque este es un método muy utilizado por los departamentos de RR.HH. de las empresas, hay muchas voces discordantes al afirmar que los empleados no siguen, estadísticamente hablando, una distribución normal, especialmente si los equipos son pequeños (Atochero, 2012).

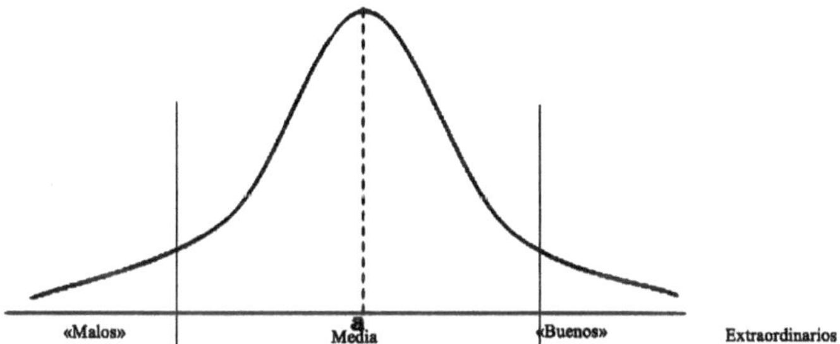

Figura 7. Distribución normal.

Independientemente de si estadísticamente es correcto o no utilizar la campana de Gauss para las subidas salariales, diferentes estudios señalan que, al aplicar esta herramienta por primera vez en una empresa se incrementa la productividad en un 16 % el primer año, pero se vuelve ineficaz al cabo de su aplicación varios años consecutivos. La razón de esta ineficacia es que, una vez que ya se ha mejorado el desempeño global de todos los empleados (que habían comprendido inicialmente que necesitan trabajar más duro bajo una distribución forzada), estos se desmotivan porque no pueden alcanzar los niveles de bonificación que han experimentado en el pasado (Moon et al., 2016), dado que ya todos desempeñan su trabajo de manera exitosa.

• La matriz de méritos o de incrementos salariales. Una vez realizada la campana de Gauss del desempeño, la empresa procederá a determinar la subida salarial. Hay dos principios retributivos en las revisiones salariales: la equidad interna y la competitividad externa. La equidad interna es la relación existente entre la retribución de los distintos miembros de un equipo de trabajo teniendo en cuenta la evaluación del desempeño. La empresa debe ser equitativa en la compensación a sus empleados; es decir, debe compensarlos proporcionalmente en función de la contribución de estos a la misma. La competitividad externa es la relación existente entre la retribución que se paga a los empleados y el mercado laboral donde compite la empresa, y compara la retribución de los empleados en una determinada posición con la media que paga el mercado para esa misma posición. La empresa debe compensar a los empleados de manera competitiva o equivalente a lo que el mercado laboral está pagando a empleados de posiciones similares. Si compensa a sus empleados por debajo de lo que está compensando el mercado en posiciones similares estará corriendo el riesgo de que los empleados encuentren otras empresas con mejores condiciones y se vayan. Si los compensa por encima de lo que está compensando el mercado en posiciones similares, estará sometiendo al accionista a una tensión financiera ineficaz.

Gráficamente se pueden mostrar los criterios de equidad y competitividad y su relación con las subidas salariales que conlleva una matriz de méritos, también llamada matriz de subidas salariales, como la que se muestra en la figura 8. En función del desempeño de cada empleado y de su situación actual salarial, teniendo en cuenta la equidad y competitividad, el incremento de subida salarial será mayor o menor. Obviamente un empleado con un desempeño excelente y una situación actual salarial inferior al mercado tendrá un porcentaje de subida salarial superior a un empleado con un desempeño bajo y una situación salarial superior a mercado. En este último caso la subida salarial será mínima, la obligada por convenio colectivo, o incluso nula si se permite la congelación salarial o la absorción de la subida de convenio con los complementos a bruto.

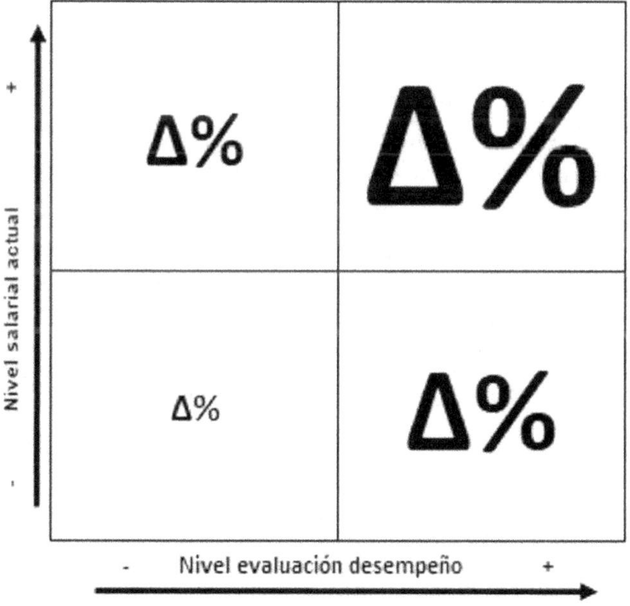

Figura 8. Matriz de méritos.

Para conocer el nivel salarial actual es importante haber realizado una valoración previa del puesto de trabajo en la fase de conceptualización de la gestión del desempeño. Muchas empresas utilizan los llamados puntos HAY para realizar una evaluación del puesto de trabajo, metodología puesta en marcha en los años 50. (González, Z. R., Guzmán, H. S. L., & Gómez, J. M., 2020).

En definitiva, la aplicación de estos recursos salariales conlleva la decisión financiera de destinar una partida importante del presupuesto en Recursos Humanos, pudiendo con ello inflacionar los costes salariales. Sin embargo, no hacerlo puede llevar a la empresa a perder su capital humano (los empleados podrían abandonar la empresa si el mercado laboral ofrece mejores condiciones), o a mantener una baja motivación (los empleados podrían no sentirse motivados si no perciben que la empresa reconoce sus esfuerzos). Por último cabe señalar que en momentos de crisis o reestructuración empresarial, estos mismos principios pueden operar de manera incluso inversa, manteniendo en la empresa a los empleados más estratégicos.

Las diferencias salariales entre los empleados atienden al término de «dispersión retributiva». Su origen se encuentra en la introducción de estímulos que tratan de fomentar el rendimiento de los empleados y, en consecuencia, favorecer el resultado empresarial (Marín, 2008). Esta dispersión está directamente relacionada con el proceso de gestión del desempeño, pues si las empresas se atuvieran estrictamente a los sueldos fijos establecidos en los convenios colectivos las diferencias salariales no serían tan altas. La dispersión se genera tanto en la remuneración fija como en la variable. Cuando la dispersión es elevada, se produce la denominada «Teoría del Torneo», que al potenciar la competitividad interna suele ser positiva para los resultados de la empresa si el nivel de autonomía y el impacto en la cuenta de resultados de los empleados es alto. Si la dispersión es baja, estamos ante la llamada «Teoría de Equidad».

• La variabilización de los costes laborales. Desde un punto de vista financiero, si la demanda y los ingresos de una empresa son variables, para garantizar la rentabilidad y minimizar riesgos, sus costes también deberían ser variables. De entre los costes que tiene una empresa, el coste de personal es tradicionalmente uno de los más difíciles de variabilizar. Para lograrlo varias han sido las opciones que se han utilizado: el trabajo a tiempo parcial, las horas extras, o ligar la evaluación del desempeño al ámbito retributivo. El proceso de evaluación del desempeño concreta las subidas salariales en cuanto a retribución fija y también puede concretar la retribución variable de cada empleado. Esto permite a las empresas variabilizar en gran medida sus costes salariales, si bien es fundamental que los objetivos individuales del empleado estén alineados con los objetivos globales de la empresa. Por ejemplo, tradicionalmente el bono del personal de ventas está ligado a las ventas y no a la rentabilidad o beneficio efectivo de la empresa, por lo que, si aumenta la morosidad, algo que suele ocurrir en épocas de crisis y por tanto se reduce el beneficio, el bono de ventas estaría cumplido y la empresa tendría que asumir un coste que reduciría aún más su rentabilidad. A modo de ejemplo cabe citar a la empresa textil Adolfo Domínguez, que en el año 2012 anunció una negociación para variabilizar del 15 % del salario de su plantilla, vinculando el salario a la obtención efectiva de beneficios.

La representación gráfica de los costes laborales se muestra en la figura 9, donde la C sería la compensación total de los empleados, Q el nivel de beneficios (normalmente EBIT, resultado antes de intereses y de impuestos), CF los costes fijos, CVo los costes variables y CV1 la compensación total.

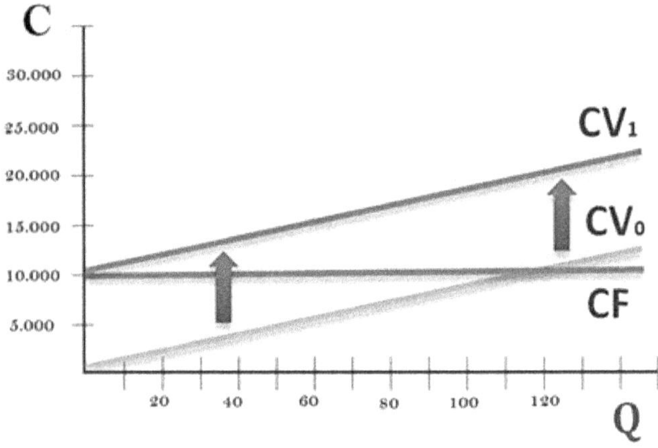

Figura 9. Representación gráfica de los costes laborales de la empresa.

Ámbito del desarrollo profesional (formación y planes de carrera)

La evaluación del desempeño posibilita, no solo la gestión del ámbito retributivo, sino también detectar las necesidades de formación de un empleado para mejorar su productividad y los planes de carrera profesional; esto es, permitir que las promociones profesionales se produzcan cuando el empleado haya desarrollado las actitudes y habilidades que va a necesitar en el puesto futuro. Ambos aspectos, formación y desarrollo de carrera, resultan fundamentales para fidelizar a los empleados.

En los años 60, precisamente cuando empieza a despuntar el sector servicios, se pone en marcha la dirección por objetivos y los avances en las técnicas de entrevistas jefe-colaborador dieron una gran popularidad a la evaluación del desempeño a partir de los años 90. Fue entonces cuando los sistemas de evaluación del desempeño permitieron no solo mejorar el desempeño mediante la compensación económica de los empleados; sino también un nuevo planteamiento en la formación de los mismos, el desarrollo de carreras y la gestión del desempeño como un proceso en el que el empleado pasó a tener un papel activo; comenzaron las entrevistas formales de evaluación del desempeño.

Tanto la clásica entrevista formal de evaluación del desempeño de carácter anual como las conversaciones informales más periódicas típicas del proceso sirven para detectar las capacidades máximas actuales de los empleados y poner los medios y recursos para mejorar estas capacidades en el futuro.

El concepto de capacidad máxima se conoce en economía como frontera o curva límite de posibilidades de producción. Básicamente recoge todas las combinaciones de bienes que se pueden elaborar al emplear todos los factores de producción de que se dispone con la máxima eficiencia. Por analogía, la frontera de posibilidades de producción de un empleado nos muestra las combinaciones máximas de tareas que puede realizar utilizando todos los recursos a su alcance.

Al igual que se entiende que la economía produce eficientemente cuando no puede producir una cantidad mayor de un bien sin producir una menor del otro, lo mismo le ocurre a un empleado: su trabajo será eficiente cuando no puede realizar más tareas, es decir, cuando se encuentra en la frontera de posibilidades de producción. Para que el empleado pueda ser más productivo necesitará expandir su frontera de posibilidades de producción; en la práctica esto se hace, o bien facilitándole formación o dotándolo de los recursos necesarios, que normalmente pasan por soluciones tecnológicas. Ambas opciones requerirán de una inversión financiera que habrá que analizar tras la entrevista de evaluación del desempeño.

COSTE DE LA NO CALIDAD

El concepto de productividad, muy ligado al de rentabilidad, viene primando en las empresas desde la Revolución industrial, cuando se tenía claro que si una máquina no era productiva se la descartaba a favor de una mejor opción. En el campo de las personas, obviamente este descarte no puede ni debe ser automático, y las empresas antes de descartar a un empleado deben buscar las causas del problema de su bajo rendimiento que provoca un problema de no calidad. La gestión del desempeño es crucial para conocer esas causas y proponer remedios.

El coste de la no calidad está directamente relacionado con el coste de oportunidad, también llamado coste alternativo, concepto acuñado hace ya más de un siglo por el economista y sociólogo austríaco Friedrich von Wieser, quien en su obra *Theorie der gesellschaftlichen Wirtschaft* (1914), se refiere a aquello a lo que una persona, o cualquier otro agente, renuncia cuando toma una decisión al elegir una opción de entre dos o más posibles. El coste de oportunidad es el valor de la mejor opción no realizada, teniendo en cuenta que en economía siempre se parte de la idea de que los recursos son escasos y tienen usos alternativos.

El concepto coste de oportunidad fue revolucionario y generó gran controversia a principios del siglo XX, pues se contraponía al concepto clásico de coste que manejaba la corriente de economistas ingleses, con Alfred Marshall (2009) a la cabeza, donde el coste se vinculaba al gasto necesario para producir algo, sin considerar el gasto que puede implicar para una empresa el no utilizar otra opción mejor.

Pongamos un ejemplo actual para entender el concepto de coste de oportunidad. Si pensamos en un director de la planta de UCIs en un hospital en plena pandemia de la COVID-19, podemos imaginar la difícil decisión que tendrá que tomar entre dos alternativas claramente diferenciadas: o atiende a pacientes con el virus SarvCov-2, a los que llamaremos pacientes COVID, o a pacientes con otras patologías, sabiendo de antemano que los recursos son escasos (las camas de UCI, los respiradores, los sanitarios, etc...) y delimitan la frontera de posibilidades de producción que vimos en el apartado anterior.

En la figura 10 se representa gráficamente la frontera de posibilidades de producción y el coste de oportunidad que conlleva. Los puntos dentro del área delimitada por la curva límite de la frontera de posibilidades de producción muestran todas las posibles combinaciones; por ejemplo, en el punto B se pueden atender treinta enfermos COVID y diez de otras patologías. Todos los puntos fuera de esta curva, como puede ser el D, indican combinaciones de recursos imposibles de alcanzar con los medios y tecnologías actuales. La pendiente negativa de la curva indica que existe un coste de oportunidad de producir una unidad más de una de las dos clases de bienes, coste medido en términos de la cantidad perdida del otro bien. Por ejemplo, al decidir entre el punto A o el C estamos desplazando los recursos de la producción entre camas para enfermos COVID o para enfermos de otras patologías. Si aumentamos estos últimos de 20 a 22, las camas para enfermos COVID han de descender de 70 a 60.

La única forma de aumentar las camas disponibles de ambas opciones, enfermos COVID y enfermos de otras patologías, será incrementando las posibilidades de producción mediante el aumento de recursos, como por ejemplo adaptando otros espacios del hospital para que puedan ser utilizados como unidades UCI (como se hizo en el año 2020 en la mayoría de hospitales de España, con las salas de culto o las bibliotecas de los hospitales), o contratando más sanitarios. En la figura 10 se muestra la nueva curva límite de posibilidades de producción en color verde.

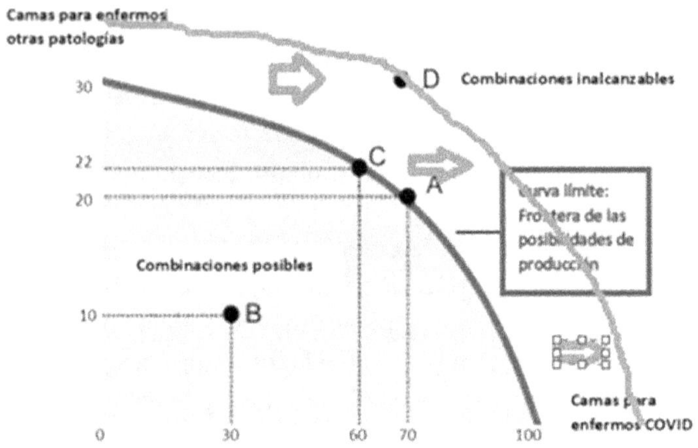

Figura 10. Representación gráfica del coste de oportunidad mediante la frontera de posibilidades de producción.

Los conceptos económicos frontera de posibilidades de producción y coste de oportunidad son perfectamente aplicables al desempeño de cada uno de los empleados de una empresa. Es lo que lo que los mánagers, muchas veces de forma intuitiva, evalúan cada día al observar el comportamiento y medir el rendimiento de sus colaboradores en base a una definición previa de los objetivos a alcanzar por cada uno de los miembros del equipo.

Cuando se evalúa el desempeño de un empleado se analiza si es el mejor de los posibles y si la empresa está obteniendo del mismo el máximo valor teniendo en cuenta su máxima capacidad (su frontera de posibilidades de producción). Si bien el coste de oportunidad se define como el valor de un recurso en su mejor uso alternativo, puede ocurrir que esa opción sustitutiva no exista, lo cual significaría que el coste de oportunidad sería cero (Le Roy Miller & Meiners, 1988). Esto ocurre en tres supuestos: cuando los recursos son ilimitados o en gran abundancia, cuando el recurso es de un solo uso o cuando todos los recursos están sin usarse, lo cual es bastante improbable que ocurra en una empresa.

Cuando la empresa detecta empleados con bajo desempeño durante varias evaluaciones y de forma recurrente, se debería considerar el coste de oportunidad de no contratar a un empleado más productivo, e incluso finalmente podría acabar gestionando un despido. En tales casos, el informe del desempeño podría ser utilizado como una medida de protección ante posibles demandas por parte del empleado.

Es importante destacar que cuando la empresa estudia el ámbito de la no calidad requiere que las evaluaciones del desempeño sean francas, honestas y objetivas. Sin embargo, las evaluaciones metodológicamente adecuadas no siempre ocurren en las empresas, pues muchas veces los mánagers prefieren evaluar positivamente a su equipo para no tener problemas, imposibilitando de esta manera el que la empresa gestione el desempeño de manera eficiente. Sirva de ejemplo el estudio realizado en el Laboratorio de Investigación de la Fuerza Aérea de los Estados Unidos en Dayton, Ohio (Grote, 2000). Los directores de este laboratorio realizaron revisiones anuales del desempeño de sus 3.200 científicos e ingenieros. Los investigadores descubrieron que casi todas las evaluaciones eran positivas; ni una sola persona había sido calificada como «insatisfactoria» y solo una había sido calificada como marginal. Tal y como señala Grote (2000), tales evaluaciones, que brillan uniformemente, son inútiles para evaluar los méritos relativos de los miembros del personal.

COSTES Y BENEFICIOS DE LA GESTIÓN DEL DESEMPEÑO

Cuando una empresa pone en marcha cualquier proyecto, tanto a corto como a largo plazo se preguntará si merece la pena realizarlo. Por ejemplo, si se desea lanzar un nuevo producto al mercado se estudiará si los costes asociados al mismo son menores que los ingresos que el producto reporta, considerando todo su ciclo de vida. Hablamos pues de lanzar un producto rentable al mercado.

Por rentabilidad se entiende la relación existente entre los beneficios que proporciona un producto o servicio y la inversión o el esfuerzo que se ha hecho. En términos financieros se utiliza el concepto de VAN, Valor Actual Neto, para considerar todo el ciclo de vida de la inversión. Si los ingresos totales en el tiempo son mayores que el total de los costes recurrentes y el desembolso inicial, se dice que la inversión es rentable.

El problema para determinar si la implantación de un sistema de gestión del desempeño es rentable para una empresa es que no es un servicio que genere ingresos, sino tan solo costes. Y mientras los costes son sencillos de identificar y medir a corto plazo, los beneficios (si los tiene) se ven a largo plazo y no es fácil valorarlos en términos monetarios. De hecho hay muchas voces críticas sobre el balance final de implantar una evaluación del desempeño, pues no solo implica una inversión importante en tiempo y energía, sino que además puede provocar inflación en los salarios y desmotivación de los empleados (Nickols, 2007).

Analicemos a continuación los costes que implica la implantación de un sistema de gestión del desempeño en una empresa. Por simplificar, los agrupamos en seis conceptos:

1. Coste de conceptualización y desarrollo o adquisición del sistema. El departamento de RR.HH., apoyado por otros departamentos intervinientes en este proceso, deberá decidir el sistema a implantar, acordar su adaptación a la empresa, y planificar su mantenimiento mientras este se mantenga vigente en la misma. Habrá que valorar económicamente el tiempo invertido por estos profesionales en adquirir, adaptar y mantener el sistema de evaluación del desempeño. Si la empresa realiza la gestión del desempeño con una solución tecnológica habrá que añadir los costes de implementación y mantenimiento del sistema, así como las horas de formación tanto al departamento de RR.HH. como a los evaluadores. Debe señalarse que la mayoría de las empresas pequeñas siguen utilizando evaluaciones en papel o sencillas hojas de cálculo en Excel.

2. Coste de implantación del sistema. Si la gestión del desempeño se apoya en una solución de tecnología, normalmente la empresa tendrá que asumir un desembolso inicial que dependerá de su tamaño y número de empleados. En el mercado hay multitud de soluciones tecnológicas, pasando por pequeñas empresas como Personio a las grandes como SAP *Sucess Factors*. Antes de embarcarse en la inversión, el departamento de RRHH deberá evaluar cuál es la opción del mercado que mejor se adapta a las necesidades de la empresa. Es recomendable solicitar una prueba de concepto donde se muestre la herramienta adaptada a la realidad de la empresa.

3. Coste de mantenimiento del sistema. Normalmente las empresas suelen desembolsar un *fee* mensual, que dependerá del número de empleados y las funcionalidades contratadas.

4. Coste del tiempo dedicado por el mánager y el trabajador a la gestión del desempeño en las fases de implementación, retroalimentación y evaluación (valoración económica del número de horas). Se debe incluir el tiempo que el trabajador dedica a su propia autoevaluación, el tiempo que el mánager dedica a la evaluación y el tiempo que ambos dedican a la fase de retroalimentación y *feedback*.

5. Coste del tiempo dedicado por los calibradores (valoración económica del número de horas), esto es por los evaluadores de contraste. Si se realiza una evaluación 360º, el trabajador es evaluado por sus pares, superiores y subordinados, y se debe calcular el total de horas de todas esas personas.

6. Coste de transporte y tiempo, si hay desplazamientos en las fases de retroalimentación y calibración.

Para tomar una decisión del tipo de evaluación del desempeño a implantar en una empresa, además de los costes ya descritos también deben tenerse en cuenta los beneficios que reportará a la empresa. Además de los ya mencionados, tradicionalmente se citan:

1. Identificación de los empleados con alto potencial. La contratación externa siempre es más cara que la interna y una correcta gestión del desempeño nos puede ayudar a reducir costes de reclutamiento, selección y formación.

2. Mejora del clima laboral.
3. Eliminar los sesgos de los mánagers en las sesiones de calibración (la evaluación del evaluador).
4. Menor rotación de los empleados.
5. Identificación de los empleados con bajo rendimiento.
6. Aumento de la productividad.
7. Variabilización de los costes laborales.

Poner un valor en términos monetarios a los beneficios citados no es sencillo y dificulta, por no decir que imposibilita, calcular si la gestión del desempeño es rentable para la empresa. Según Cappelli & Tavis (2016), un informe de la compañía Deloitte valoró en 1,8 millones las horas dedicadas a una evaluación del desempeño tradicional. Algo similar afirmaba Johann Hanekom, CEO de una empresa sudafricana de telecomunicaciones de más de 500 empleados que valoraba en el año 2007 estos costes en US$ 2.200 por empleado/año, lo que suponía a la empresa un coste de US$ 1,1 millones, una cantidad nada desdeñable si no se ven claros los beneficios que esta evaluación del desempeño (Nickols, 2007) proporciona.

6. MÉTODOS DE EVALUACIÓN Y VARIABLES PARA SU CLASIFICACIÓN

Todas las empresas evalúan el desempeño (*performance appraisal*) de sus empleados: desde la pequeña empresa recién formada, que valora de manera intuitiva y artesanal el aporte de sus empleados, hasta la gran empresa que afirma haber superado la gestión integral del desempeño (*performance management*) e incluso haberla sustituido por métodos como el *coaching* y que sigue necesitando evaluar el avance en las habilidades desarrolladas. Para optimizar la gestión integral del desempeño cada empresa deberá diseñar un método de evaluación que se adecúe a sus necesidades y posibilidades, y lo pondrá en práctica utilizando para ello una escala de evaluación del desempeño en la que registrarla.

El objetivo de este apartado es exponer las variables que permiten a las empresas establecer el método de evaluación más adecuado para su situación, explicar las escalas de evaluación del desempeño para que cada empresa pueda elegir la que más se adapta al método elegido, y mostrar por qué resulta contraproducente mezclar los métodos de gestión del desempeño basados en la recompensa con aquellos basados en el desarrollo profesional.

RECOMPENSA VS. DESARROLLO PROFESIONAL

Según la *WorldatWork Society of Certificied Professionals*[3] se entiende por «recompensa total» «el retorno monetario y no monetario entregado a los empleados en reciprocidad por tu tiempo, esfuerzo, talento y resultado». Es decir, recompensa total es todo aquello que la empresa entrega al empleado a cambio de su desempeño pasado, presente y futuro. El modelo de recompensa total de *WorldatWork* abarca cinco componentes:

1. La compensación, que es el pago fijo y variable vinculado a las contribuciones generales del empleado.
2. El bienestar de los empleados que logra la empresa gracias a su influencia estratégica y a la creación de programas que apoyan el éxito de los empleados dentro y fuera del trabajo.
3. Los beneficios, que son los servicios no monetarios, como seguro médico, plan de pensiones, comedor en la empresa o tiempo libre que proporcionan bienestar y seguridad para el empleado y su familia.
4. El desarrollo, entendido como las recompensas y oportunidades que se ofrece a los empleados en pago por su desempeño actual o futuro.
5. El reconocimiento, que son los programas que reconocen y celebran las contribuciones del empleado a la empresa.

Cuando se habla de recompensa es muy importante tener en mente el concepto de equidad: la empresa debe recompensar al empleado de forma proporcional a lo que espera recibir a cambio, y esta recompensa a su vez debe ser proporcional a la del resto de empleados. Por tanto, recom-

____

3   https://www.worldatwork.org/

pensar trata principalmente de localizar los éxitos o fortalezas del empleado y gratificarlo por ello de manera equitativa con respecto al resto de la plantilla. La recompensa se fundamenta en una comparación colectiva, basada principalmente en fortalezas del empleado y en un entorno competitivo.

Se entiende por desarrollo profesional aquellas inversiones que la empresa realiza en sus empleados para hacerles crecer profesionalmente y permitirles estar preparados para afrontar con éxito los retos profesionales actuales y futuros. Para que una empresa tenga éxito en el desarrollo profesional de sus empleados es muy importante conocer su potencial profesional y determinar sus fortalezas, para reforzarlas, y sus debilidades, para superarlas. Por tanto, el desarrollo profesional trata principalmente de localizar fortalezas y debilidades del empleado para hacer un plan que le permita reforzarlas y superarlas. El desarrollo se fundamenta en una comparación individual del empleado consigo mismo, basada tanto en sus fortalezas como en sus debilidades y en un entorno de colaboración[4].

Cuando una empresa está diseñando su método de evaluación del desempeño el principal error que debe evitar es mezclar planteamientos basados en la recompensa con planteamientos basados en el desarrollo profesional. El error de mezclar estos dos tipos de planteamientos incompatibles ha sido históricamente señalado por varios autores: Adler et als, (2016); Bayo-Moriones, Galdon-Sanchez, Martinez-de-Moretin (2019); Beer (1981); Cleveland, Murphy & Williams (1989); Iqbal et als (2015); Mathis & Jackson (2010); Meyer, Kay, and French (1965); Murphy & Cleveland (1995), Zim-

---

4   El soporte conceptual de cómo la gestión sobre el desarrollo profesional puede incrementar el desempeño de los empleados defiende que, cuanto más adecuados y elevados sean los conocimientos, destrezas y habilidades de los empleados, más elevado será su aporte a la empresa.

merman, Mount & Goff (2008); Schleicher, Baumann, Sullivan, Levy, Hargrove & Barros-Rivera (2018); Stephan & Dorfman (1989). Se expone a continuación una explicación teórica y otra práctica que permiten entender el alcance de esta diferenciación.

A nivel teórico, los planteamientos basados en la recompensa son incompatibles con aquellos basados en el desarrollo profesional porque los métodos basados en la recompensa se fundamentan en comparaciones colectivas, están basados en los cumplimientos o fortalezas de los empleados y se sitúan en un entorno competitivo donde la equidad y la expectativa[5] juegan un papel fundamental. Por otra parte, los métodos basados en el desarrollo profesional se fundamentan en el crecimiento individual, están basados en trabajar tanto las fortalezas como las debilidades del individuo, y se sitúan en un entorno de colaboración.

A nivel práctico, cuando se analiza la aplicación de los métodos *performance appraisal* es cuando se puede observar de manera más sencilla esta distinción. Pongamos un ejemplo: la empresa XYZ quiere mejorar el desempeño de una de sus jefes comerciales y analiza tres posibles aplicaciones del *performance appraisal*:

• Aplicación 1 (recompensa). La empresa XYZ quiere recompensar a una de sus jefas comerciales por los extraordinarios resultados de ventas de su equipo de trabajo, esperando que ello la incentive a trabajar mejor. Teniendo en cuenta que los recursos económicos de la

---

5 Según Harder (1992) y Kudisch et al. (2006), la Teoría de la expectativa en el ámbito de los propósitos administrativos (o de recompensa para el presente artículo) explica que, para aumentar el interés de los empleados en el entorno organizacional, deben ser recompensados en función de su desempeño, dado que los empleados esperan que a mayor sea el desempeño mayor será la recompensa.

empresa son limitados y las posibilidades de puestos a los que promocionarla también, ¿qué deberá hacer XYZ al aplicar el *performance appraisal*?:

- ¿Deberá preguntar a una compañera de puesto de la jefa comercial cómo es el desempeño de esta? XYZ no debe olvidar que si su compañera de puesto la valora muy bien aumentará la posibilidad de que la empresa la recompense (económicamente o con promoción a puestos superiores), pero quizá también piense que así está disminuyendo las posibilidades de ser compensada ella misma (monetariamente o con promoción) en el futuro.

- ¿Deberá preguntar al equipo de trabajo de la jefa comercial cómo es su desempeño? XYZ no debe olvidar que si cada miembro del equipo valora muy bien a la jefa comercial aumentará la posibilidad de que la empresa la recompense (monetariamente), pero quizá también piensen que así están disminuyendo las posibilidades de ser compensados ellos mismos, dado que la empresa podría atribuir el mérito de los resultados de ventas a la excelente dirección de la jefa comercial y no tanto al desempeño de cada uno de los miembros del equipo.

- ¿Deberá pedir a la compañera de puesto de la jefa comercial y a cada miembro de su equipo de trabajo que le den *feedback* y le comuniquen la evaluación del desempeño que hicieron de ella? Desde luego sería un *feedback* con muchas limitaciones, máxime si se tiene en cuenta que en el futuro la jefa comercial podría valorar el desempeño de su compañera de puesto o de su equipo de trabajo.

• Aplicación 2 (desarrollo profesional). La empresa XYZ quiere desarrollar profesionalmente a una de sus jefas comerciales para que desempeñe mejor su trabajo actual y para que esté mejor preparada para el futuro. Teniendo en cuenta que el único objetivo es el desarrollo profesional, ¿qué deberá hacer XYZ al aplicar el *performance appraisal*?

- ¿Deberá preguntar a su compañera de puesto cómo es el desempeño de la jefa comercial? Se debe observar que, si el único objetivo es la mejora de la jefa comercial, no supone ninguna competencia para su compañera de puesto, con lo que esta no deberá temer repercusiones sobre ella misma al establecer los puntos fuertes y áreas de mejora de la jefa comercial. Su compañera de puesto podrá señalar las fortalezas y debilidades de la jefa comercial pensando que está ayudando a una mejora individual y que señalar sus fortalezas y debilidades no debilitará la posibilidad de ser compensada ella misma.

- ¿Deberá preguntar al equipo de trabajo de la jefa comercial cómo es su desempeño? XYZ no debe olvidar que no hay ninguna compensación a cambio del resultado de esta información, ni de retribución ni de oportunidades de carrera; no hay méritos que repartir. El equipo podrá señalar las fortalezas y debilidades de su jefa comercial sin pensar que podría ser competencia: señalar las fortalezas de la jefa comercial no debilitará las posibilidades de que los miembros del equipo de trabajo sean compensados y señalar sus debilidades tampoco aumentará las posibilidades de ser compensados.

- ¿Deberá pedir a su compañera de puesto y a su equipo de trabajo que le den *feedback* y le digan su evaluación del desempeño? Como todo *feedback* de desempeño no será una tarea sencilla, pero como de la evaluación no se deriva ninguna compensación tampoco habrá nada que recriminar, con lo que este *feedback* será más sencillo.

• Aplicación 3 (mezclar compensación y desarrollo profesional). La empresa XYZ quiere mejorar el desempeño de su jefa comercial diseñando un método de evaluación del desempeño que mezcle planteamientos basados en la recompensa con planteamientos basados en el desarrollo profesional. ¿Qué deberá hacer XYZ al aplicar el *performance appraisal*? ¿Deberá preguntar a su compañera de puesto o a su equipo de trabajo cómo es el desempeño de la jefa comercial?

- Si su compañera de puesto o su equipo de trabajo la valoran señalando solo sus fortalezas, incrementarán las posibilidades de que la recompensen pero reducirán las posibilidades de que desarrolle profesionalmente sus áreas de mejora. Al mismo tiempo, la compañera de puesto, o el equipo de trabajo, estarán reduciendo las posibilidades de que el sistema los recompense, dado que los recursos son limitados.

- Si su compañera de puesto, o equipo de trabajo, la valoran señalando solo sus debilidades, reducirán las posibilidades de que la recompensen, aunque incrementarán las posibilidades de que desarrolle profesionalmente estas debilidades. Al mismo tiempo estarán incrementando las posibilidades de que el sistema los recompense a ellos mismos, dado que quedarán más recursos libres (debe recordarse que los recursos son limitados).

- Si la compañera de puesto, o equipo de trabajo, valoran señalando tanto sus fortalezas como debilidades, se encontrarán en la encrucijada de que cada posibilidad tiene determinadas consecuencias y las contrarias al mismo tiempo, pudiendo conseguir que el resultado final sea el contrario al inicialmente perseguido.

Con este ejemplo se puede observar cómo mezclar planteamientos basados en la recompensa (colectivos, basados en fortalezas y cumplimientos, y competitivos) con planteamientos basados en el desarrollo profesional (individuales, basados en fortalezas y debilidades, y de colaboración) dificulta de manera determinante el resultado de la *performance appraisal*, poniendo al evaluador ante una situación sin solución: si hace lo que se le pide el resultado puede ser el contrario al perseguido y al final el método de evaluación del desempeño fracasa.

VARIABLES EN LA CLASIFICACIÓN DE LOS MÉTODOS DE EVALUACIÓN DEL DESEMPEÑO

Cada empresa, según su necesidad y posibilidades, debe determinar el método de evaluación del desempeño que se adecúe mejor a su realidad. Se detallan a continuación ocho variables que definen los métodos de evaluación del desempeño[6] y permiten establecer el más adecuado para cada ocasión.

---

6   Las clasificaciones de los métodos de evaluación del desempeño se

1. Métodos basados en la recompensa vs. métodos basados en el desarrollo profesional

Establecer si el método de evaluación del desempeño se va a basar en la recompensa o en el desempeño profesional es la primera y más importante variable que se debe determinar a la hora de decidir qué método de evaluación del desempeño se adecúa más a cada ocasión.

Aunque no se puede decir que un determinado método de evaluación sea exclusivamente de recompensa o de desarrollo, la configuración de las variables que se van a exponer seguidamente quedará fuertemente determinada en base a uno de estos dos caminos escogidos.

2. Patrón de comparación

Exponen Stewart & Brown (2010) que los métodos se pueden clasificar según dos criterios: métodos que comparan empleados entre sí, fundamentados en el mérito y el resultado, y métodos que comparan los comportamientos de un mismo empleado, fundamentados en la paridad y basados en el individuo y el proceso. Conforme a esta lógica, los métodos de evaluación del desempeño se pueden clasificar en las siguientes cuatro posibilidades:

- Comparación del empleado contra sí mismo. Se compara el desempeño de un empleado, sus rasgos, comportamientos y procesos contra su propio desempeño, rasgos o comportamientos pretendidos. Se trata de un patrón de comparación muy adecuado para métodos basados en

---

han enfrentado al denominado «problema del criterio» (Cascio y Aguinis, 2019), que se refiere a las dificultades de conceptualizar y operacionalizar un constructo que es multidimensional, dinámico y relacionado con diferentes objetivos. Es por ello que la clasificación propuesta se establece a partir de ocho criterios interrelacionados.

el desarrollo profesional. Por ejemplo, para un empleado inmerso en un proceso de *coaching* ejecutivo se compara el impacto de sus intervenciones públicas con el impacto que tenía antes del proceso de *coaching*.

- Comparación del empleado contra una referencia o criterio. Se compara el desempeño del empleado con un parámetro, ideal o criterio. Por ejemplo, en una escala de incidentes críticos[7], la evaluación del comportamiento de liderazgo entendido como «consigue que sus ideas sean aceptadas por otros» comparada con el comportamiento del empleado. Es muy importante señalar que si los resultados de esta referencia del desempeño posteriormente comparan al empleado con su propio desempeño, su tratamiento debe ser como el caso «comparación del empleado contra sí mismo», es decir, un patrón muy adecuado para métodos basados en el desarrollo profesional. Por ejemplo, evaluando el comportamiento de liderazgo en el método del incidente crítico, si a la hora de concluir la valoración del empleado se compara con su propio comportamiento pasado o deseado. Sin embargo, el patrón de comparación con una referencia o criterio también puede utilizarse para comparar posteriormente el desempeño del empleado con el de otros empleados, siendo entonces un patrón muy adecuado para métodos basados en la recompensa. Por ejemplo si, evaluando el comportamiento de liderazgo en el método del incidente crítico, a la hora de concluir la valoración del empleado

---

7   En el apartado «Escalas de evaluación del desempeño» se exponen los principales tipos de escalas que han utilizado los métodos de evaluación del desempeño (incidentes críticos, comportamientos anclados, comparación por pares...), adjuntando a cada descripción un código QR que permite al lector acceder a un ejemplo de cada tipo de escala.

se compara con los otros empleados para determinar su valor.

- Comparación del empleado con otros «sin distribución forzada». Se comparan el desempeño, rasgos, comportamientos, procesos del empleado... con el desempeño, rasgos o comportamientos de otros empleados. Se trata de un patrón de comparación adecuado para métodos basados en la recompensa. Por ejemplo, la comparación de las ventas de un empleado con el resto de las ventas de sus compañeros de departamento.

- Comparación del empleado con otros «con distribución forzada». Se comparan el desempeño, rasgos, comportamientos, procesos del empleado... con el desempeño, rasgos o comportamientos de otros empleados, habiendo prestablecido un determinado orden en dicha comparación. Se trata de un patrón de comparación muy competitivo para métodos basados en la recompensa. Por ejemplo, se comparan las ventas de un empleado con el resto de las ventas de sus compañeros de departamento, siendo que necesariamente habrá un porcentaje de buenos vendedores, vendedores en la media y vendedores con desempeño deficiente.

En resumen, si se ha establecido que se quiere implementar un método de evaluación del desempeño basado en el desarrollo profesional, el patrón de comparación deberá ser el del empleado contra sí mismo. Sin embargo, si se ha establecido que se quiere implementar un método de evaluación del desempeño basado en la recompensa, el patrón de comparación deberá ser el del empleado contra otros empleados.

3. Variables que se evalúan

El tipo de variables que se van a evaluar clasificarán las técnicas de evaluación del desempeño conforme a tres posibilidades:

* Características individuales
* Comportamientos
* Resultados

Hay que señalar que esta sencilla clasificación puede ser más compleja, dado que dentro de cada uno de estos tipos de variables caben sub-tipos. Así, en el grupo de las características individuales cabrían los rasgos, el potencial para desempeñar, la formación e incluso la antigüedad. En el grupo de los comportamientos en las tareas desempeñadas cabrían las competencias, las tareas-declarativas (acciones necesarias para desempeñar ciertas tareas), las tareas-procedimentales (habilidades necesarias para desempeñar las tareas), comportamientos *citizenship-organizacional* (comportamientos que respetan reglas informales en la empresa y que mantienen el orden), comportamientos *citizenship-interpersonal* (comportamientos para ayudar a los otros), comportamientos contraproducentes para la producción (comportamientos en contra de la producción de la empresa) y comportamientos políticos contraproducentes (comportamientos en contra de individuos específicos), según la clasificación de Stewart & Brown (2010). Y en el grupo de los resultados alcanzados cabrían múltiples indicadores; por ejemplo, de rentabilidad, ventas, publicaciones realizadas o cuota de mercado, entre otros.

La elección del tipo de variable quedará fuertemente determinada por el planteamiento escogido para alcanzar el alto desempeño:

- Para los métodos basados en la recompensa es más adecuado utilizar variables de resultados. En menor grado se pueden utilizar variables de comportamientos, y en todavía menor grado, aunque no excluidas, variables de características individuales[8].
- Los métodos basados en el desarrollo profesional aconsejan un planteamiento casi inverso al anterior, siendo muy adecuado evaluar comportamientos, en menor grado los resultados, y en menor grado, aunque no excluidas, variables de características individuales.

Una vez establecido el tipo de método (recompensa vs. desarrollo), el patrón de comparación (el individuo, una referencia o criterio, los otros sin distribución forzada y los otros con distribución forzada) y el tipo de variable (comportamientos, resultados o características individuales), el siguiente paso es determinar el formato con el que se va a hacer la evaluación del desempeño.

4. Formato

El formato escogido para la evaluación del desempeño puede adoptar cuatro posibilidades:

a. Formato «ensayo o narrativa». Descripción libre del desempeño por parte del evaluador. Por ejemplo, el *Essay Method* en un proceso de *coaching* ejecutivo, en el que

---

8 Aquellos métodos de evaluación del desempeño basados en la recompensa y que evalúan variables individuales, tales como formación o antigüedad, son poco eficaces en la consecución del objetivo del alto desempeño. Sirvan como ejemplos los métodos de recompensa que se utilizan con los funcionarios públicos en muchos países que, estando basados en la antigüedad y la formación, poco o ningún impacto tienen en impulsar el alto desempeño.

se realiza la descripción por parte de un evaluador de cómo el *coachee* se interrelaciona con sus compañeros.

b. Formato «discretas de ausencia y presencia». El evaluador decide si ha visto o no esa variable en el empleado. Hay que señalar que esta opción suele ser de elección forzada, es decir el evaluador debe escoger la alternativa «he visto» vs. «no he visto» la variable en el empleado. Por ejemplo, tal y como ocurre en la escala incidente crítico, el evaluador evalúa si ha visto o no ha visto un determinado comportamiento en el empleado.

c. Formato «discretas de varias alternativas graduales». El evaluador escoge, de entre varias alternativas organizadas gradualmente, aquella que representa mejor el desempeño del empleado. Hay que señalar que esta opción suele ser de elección forzada; es decir, el evaluador solo puede escoger la alternativa que mejor representa al evaluado. Por ejemplo, tal y como ocurre en la *Behavior observation scale* (BOS), el evaluador escoge de un listado de frecuencias sobre un determinado comportamiento aquella que mejor representa al empleado.

d. Formato continuo. El formato escogido para la variable evaluada es calculado numéricamente, como pueden ser la cantidad de ventas alcanzadas, la cuota de mercado conseguida, los costes reducidos, la productividad alcanzada… Un ejemplo son los métodos basados en las *Productivity Measures*.

La elección del formato utilizado quedará fuertemente determinada por el camino escogido para alcanzar el alto desempeño:

- Para métodos basados en la recompensa es muy adecuado utilizar formatos continuos; en menor grado se pueden utilizar formatos discretos y apenas se utilizan formatos de ensayo o narrativos.
- Los métodos basados en el desarrollo profesional tienen un planteamiento inverso al anterior, siendo muy adecuado utilizar formatos de ensayo o narrativos, en menor grado formatos discretos, y todavía en menor grado formatos continuos.

5. Evaluado

En ocasiones las organizaciones no solo evalúan el desempeño de un determinado empleado, sino que evalúan el desempeño de un grupo de empleados, de un departamento o de toda la empresa en su conjunto. Tres son las posibilidades:

a. Evaluación del desempeño personal, en la que se evalúa el desempeño (características individuales, comportamientos o resultados) de un empleado en concreto. Este tipo de evaluación es muy adecuada tanto para los métodos basados en la recompensa como en los basados en el desarrollo profesional.

b. Evaluación del desempeño grupal, en la que se evalúa el desempeño (comportamientos o resultados) de un grupo de empleados. Este tipo de evaluación es muy adecuada para los métodos basados en la recompensa, y menos adecuada para aquellos basados en el desarrollo profesional.

c. Evaluación del desempeño empresarial, en la que se evalúa el desempeño (resultados) de toda la empresa en su conjunto. Este tipo de evaluación es adecuada para los métodos basados en la recompensa y difícilmente adecuada para los basados en el desarrollo profesional.

6. Evaluador

El evaluador más adecuado para la evaluación quedará determinado por las variables anteriormente descritas (recompensa *vs.* desarrollo, patrón de comparación, variables evaluadas, formato de la evaluación y quién es el evaluado), y también por el acceso que el evaluador tenga a las variables a evaluar. Si el evaluador no tiene acceso al desempeño del evaluado, o no sabe cómo evaluar, no debiera realizar la evaluación. Son siete las alternativas posibles:

a. Evaluador «sistema». La evaluación es realizada por un sistema que lo calcula automáticamente. Por ejemplo, el ERP (*Enterprise Resource Planning*) de la empresa calcula las ventas acumuladas por un grupo de empleados a final de un trimestre, siendo dichas ventas el criterio elegido para la evaluación del desempeño de los vendedores.

b. Evaluador «superior jerárquico o funcional». El superior jerárquico o funcional del empleado, que es quien tiene la potestad y responsabilidad de dirigir su trabajo, es quien mejor debe conocer su desempeño. Por ejemplo, en una escala de comparación por pares (*paired comparison scale*) el superior decide quién de entre dos empleados tiene más habilidad social.

c. Evaluador «compañero», también llamado sistema de evaluación 180º. El compañero del empleado es quien evalúa su desempeño. Por ejemplo, en la escala de comportamientos anclados (*behaviorally anchored rating scale*, BARS), un compañero evalúa la competencia trabajo en equipo del empleado[9].

---

9   Cuando se establece al compañero como evaluador en el sistema se debe recordar la reflexión de Farh, Cannella & Bedeian (1991), quienes ex-

d. Evaluador «subordinado». El subordinado del empleado es quien evalúa su desempeño. Por ejemplo, en una escala de incidentes críticos (*critical incident scale*, expuesta más adelante), el subordinado evalúa si el empleado ha mostrado la competencia de liderazgo[10].

e. Autoevaluación. El propio empleado es quien evalúa su desempeño. Por ejemplo, en la *behavior observation scale* (BOS), el empleado evalúa la frecuencia con la que se reúne con su equipo[11].

f. Especialistas en desempeño. Especialistas dedicados a la evaluación del desempeño realizan esta función. Por ejemplo, consultores contratados por una empresa en un proceso de redimensionamiento general y que evalúan el desempeño de los empleados de la empresa.

g. Otros agentes relacionados con el empleado. Otros agentes como clientes, proveedores o auditores que tienen acceso directo al desempeño del empleado evalúan su desempeño.

---

pusieron que es más probable aceptar el *feedback* de los compañeros si se utiliza solo para propósitos de desarrollo, y que además las evaluaciones de los compañeros fueron más fiables y válidas cuando fueron utilizadas solo para propósitos de desarrollo.

10   Cuando se establece al subordinado como evaluador en el sistema se debe recordar la reflexión de DeNisi & Kluger (2000), quienes señalaron que es mejor si las evaluaciones de los subordinados se utilizan para propósitos de desarrollo, frente a cuando se realizan con propósitos evaluativos.

11   Cuando se establece la autoevaluación en el sistema se deben recordar las conclusiones de Tsui & Barry (1986), quienes afirman que las autoevaluaciones están frecuentemente en desacuerdo con las evaluaciones de los supervisores, dado que los empleados se evalúan a ellos mismos de forma más elevada de lo que lo hacen sus supervisores.

La elección del evaluador quedará fuertemente determinada por el tipo de método escogido para alcanzar el alto desempeño:

Para el aquellos métodos basados en la recompensa es muy adecuado utilizar las evaluaciones del sistema y del superior jerárquico. También puede ser adecuado usar las evaluaciones de especialistas en desempeño, debiendo hacerse siempre con transparencia respecto al sistema escogido y los resultados obtenidos tanto para el evaluador como para el evaluado. Sin embargo, puede ser un error utilizar evaluaciones de compañeros, subordinados, la propia autoevaluación u otros agentes relacionados con el empleado.

Para aquellos métodos basados en el desarrollo profesional es adecuado emplear todas las fuentes de información, dado que cuantos más puntos de vista sobre el desempeño del empleado haya más se podrán determinar puntos fuertes y áreas de mejora a desarrollar[12].

7. Tiempo de evaluación y «feedback»

En general todos los especialistas exponen que, cuanto más frecuente es el *feedback,* mayor impacto positivo tiene la evaluación del desempeño en el empleado. Respecto del tiempo en el que se realiza formalmente la evaluación, tres son las posibilidades que los distintos autores han expuesto:

    a.   Varias evaluaciones realizadas en el año

    b.   Una evaluación anual

    c.   Evaluación con tiempos superiores al año

---

12   Cuando se establecen sistemas multifuente para evaluar el desempeño de un empleado se debe recordar la reflexión de *London & Beatty (1993),* quienes afirmaron que los sistemas multifuente se han diseñado principalmente para propósitos de desarrollo.

8. Tipo de comportamiento y tipo de «feedback»

Las clasificaciones sobre el tipo de comportamiento y tipo *feedback* pueden contemplar múltiples criterios, pero uno resulta especialmente relevante: si el comportamiento evaluado y el *feedback* deben serlo respecto a comportamientos redactados positivamente (cumplimientos, fortalezas o éxitos) o a comportamientos redactados negativamente (incumplimientos, áreas de mejora o fallos).

En general la mayoría de los autores defienden que es preferible utilizar registros y *feedback* sobre comportamientos redactados positivamente que sobre los redactados negativamente. Sin embargo algunos autores han defendido la evaluación de comportamientos redactados negativamente, como podrían ser los comportamientos contraproductivos expuestos por Stewart & Brown (2010): desviaciones de la producción, desviaciones políticas de la evaluación, agresión, acoso, etc. El tipo de comportamiento y *feedback* también quedará determinado por el tipo de método escogido para alcanzar el alto desempeño (recompensa vs. desarrollo).

Para aquellos métodos basados en la recompensa, es muy adecuado registrar y dar *feedback* sobre comportamientos positivos (cumplimiento o en su caso falta de cumplimiento), y algo más cuestionable registrar y dar *feedback* sobre los negativos (por ejemplo, agresión, el acoso...). El comportamiento negativo para la gestión de la recompensa ha sido un tema polémico en los métodos de evaluación del desempeño; algunas empresas lo rechazan porque quita foco sobre el verdadero objetivo del aumento del desempeño. Sin embargo otras empresas defienden que aplicar consecuencias negativas a los comportamientos rechazados por la empresa supone un mensaje contundente para los empleados; en el caso de un comportamiento muy perjudicial para la empresa podría llegar a tener como consecuencia la desvinculación.

Para los métodos basados en el desarrollo profesional es muy adecuado registrar comportamientos redactados positivamente (cumplimientos, fortalezas, éxitos), y podría ser aceptable registrar comportamientos redactados negativamente (incumplimientos, áreas de mejora, fallos...).

A modo de resumen de esta ruta conceptual a utilizar para determinar el sistema de evaluación del desempeño más adecuado para cada ocasión, se expone la siguiente tabla resumen:

	RECOMPENSA	DESARROLLO
PATRÓN DE COMPARACIÓN	*** contra los otros con distribución forzada *** contra los otros sin distribución forzada *** contra referencia que más adelante se compara con otros	*** contra sí mismo *** contra una referencia que más adelante se compara consigo mismo
VARIABLES	*** resultados ** comportamientos * características individuales	*** comportamientos ** resultados * características individuales
FORMATO	*** continuas ** discretas * de ensayo o narrativas	*** de ensayo o narrativas ** discretas * continuas
EVALUADO	*** personal ** grupal * organizacional	*** personal * grupal * organizacional
EVALUADOR	*** sistema *** superior jerárquico/funcional * especialista en desempeño	*** todas las fuentes de información: sistema, superior jerárquico/funcional, compañero, subordinado, autoevaluación...
TIEMPO	*** inferior a anual ** anual * superior a anual	*** inferior a anual ** anual * superior a anual
TIPO DE COMPORTAMIENTO Y FEEDBACK	*** positivo * negativo	*** positivo ** negativo

*** Muy adecuado
** Adecuado
* Poco adecuado

El método de evaluación del desempeño que diseñe una empresa quedará definido por la combinación de estas ocho variables, que dependerá del contexto de la empresa (cultura, situación actual, histórico de sistemas de evaluación utilizados, nivel de formación de su plantilla...), su histórico de comunicación (*feedback* utilizado, transparencia de procesos y resultados...), la historia de sus sesgos de evaluación (sesgos de evaluadores, de evaluandos, del propio sistema...) y de las emociones (afectivas, cognitivas, de utilidad...), que juegan un importante papel en el éxito y la eficacia del método de evaluación. La combinación de variables definirá el método, y una vez definido este habrá que determinar la escala a la que mejor se adecúa.

ESCALAS DE EVALUACIÓN DEL DESEMPEÑO

Una vez que una empresa ha determinado cómo es el método de evaluación del desempeño que va a aplicar resulta imprescindible elegir el soporte en el que va a registrar dicho desempeño. A continuación se exponen las escalas de evaluación del desempeño más referidas por los distintos autores, clasificándolas según las variables anteriormente expuestas. Se debe señalar que todas las escalas podrían utilizarse tanto para métodos basados en la recompensa como para los basados en el desarrollo profesional. Por ese motivo no se va a utilizar como variable de clasificación de las escalas la recompensa vs. el desarrollo profesional. Tampoco la variable tiempo de evaluación se va a utilizar como variable de clasificación, dado que en general cuanto menor tiempo de evaluación haya más adecuada es la aplicación de la escala.

Por último, el tipo de comportamiento y *feedback* tampoco se utilizará como variable de clasificación, dado que en general se acepta que todas las escalas pueden ser redactadas en forma de comportamientos positivos o negativos.

Escalas de ensayo (Essay Scale)

PATRÓN DE COMPARACIÓN	VARIABLES A EVALUAR	FORMATO DE ESCALA	EVALUADO	EVALUADOR
Contra uno mismo	• Comportamientos • Características individuales • Resultados	Narrativa	Personal	• Superior • Compañeros • Equipo • Otros agentes • Autoevaluación • Especialistas en desempeño

Las escalas de ensayo se basan en la descripción de los comportamientos, características individuales o resultados que ha tenido un determinado empleado.

La gran libertad de las *essay scales* permite personalizar en gran medida la evaluación, aunque aleja esta técnica de la posibilidad de comparar las evaluaciones entre distintos empleados y también entre distintos evaluadores. Por esta razón es una técnica aplicable casi en exclusiva a los métodos basados en el desarrollo profesional.

El evaluador puede ser prácticamente cualquiera que observe el desempeño del empleado, aunque debe ser experto en evaluación del desempeño y tener formación sobre cómo registrar el desempeño en la escala de ensayo, dado que la gran libertad que permite el formato posibilita muchos sesgos.

Escala de incidentes críticos (Critical Incident Scale)

PATRÓN DE COMPARACIÓN	VARIABLES A EVALUAR	FORMATO DE ESCALA	EVALUADO	EVALUADOR
Contra un criterio	Comportamientos	• Discretas de presencia/ausencia • Discretas de varias alternativas graduales	Personal	• Superior • Compañeros • Equipo • Otros agentes • Autoevaluación • Especialistas en desempeño

En las escalas de incidentes críticos se determina si el empleado ha mostrado un comportamiento concreto que es un evento inusual y denota un desempeño significativamente superior o inferior; por eso se denomina «incidente crítico». Su primera referencia se encuentra en Flanagan (1954).

El patrón de comparación es contra un criterio. Es importante recordar que si la referencia o comportamiento posteriormente compara al empleado con su propio desempeño, será un patrón muy adecuado para los métodos basados en el desarrollo profesional; mientras que si el patrón de comparación se utiliza para comparar posteriormente la evaluación con el desempeño de otros empleados, será entonces un patrón muy adecuado para los métodos basados en la recompensa.

Con respecto al formato de escala, puede ser de dos tipos:

- Discretas de presencia / ausencia, en el que el evaluador determina si ha visto o no ha visto el comportamiento en el empleado.
- Discretas de varias alternativas graduales, en el que el evaluador determina en qué grado ha visto el comportamiento en el empleado. Por ejemplo: (1) No lo ha visto, (2) en pocas ocasiones, (3) en término medio, (4) frecuentemente, (5) muy frecuentemente.

El evaluador puede ser casi cualquiera que vea directamente el desempeño del empleado, dado que debe determinar la presencia del incidente crítico que denota un desempeño significativo.

Escala de comportamientos anclados (Behaviorally Anchored Rating Scale, BARS)

PATRÓN DE COMPARA-CIÓN	VARIABLES A EVALUAR	FORMATO DE ESCALA	EVALUADO	EVALUADOR
Contra un criterio	Comporta-mientos	Discretas de varias alternativas graduales	Personal	• Superior • Compañeros • Equipo • Otros agentes • Autoevaluación • Especialistas en desempeño

En la escala de comportamientos anclados BARS se evalúa el grado en el que el empleado ha mostrado un comportamiento concreto, debiendo escoger de entre una serie de descripciones del comportamiento aquella que más de adecúa al comportamiento del empleado. La primera referencia la encontramos en Smith&Kendall (1963), donde exponen que este tipo de escala fue introducido por Champney en 1941.

El patrón de comparación es contra un criterio, así que se debe insistir en lo ya expuesto: dependiendo de la referencia de comparación final podrá ser un patrón muy adecuado para los métodos basados en el desarrollo profesional o muy adecuado para aquellos basados en la recompensa.

El evaluador puede ser casi cualquiera que vea directamente el desempeño del evaluado, dado que debe establecer cuál de las descripciones del comportamiento establecidas en la escala se adecúa mejor al desempeño del evaluado.

Escala de observación del comportamiento (Behavior Observation Scale, BOS)

PATRÓN DE COMPARACIÓN	VARIABLES A EVALUAR	FORMATO DE ESCALA	EVALUADO	EVALUADOR
Contra un criterio	Comportamientos	Discretas de varias alternativas graduales	Personal	• Superior • Compañeros • Equipo • Otros agentes • Autoevaluación • Especialistas en desempeño

En la escala de observación del comportamiento BOS se evalúa el grado en el que el empleado ha mostrado un comportamiento concreto, debiendo escoger la frecuencia con la que el evaluador ha observado el mismo. La primera referencia se encuentra en Latham & Wexley (1977).

El patrón de comparación es contra un criterio, así que dependiendo de la referencia de comparación final podrá ser un patrón adecuado para los métodos basados en el desarrollo profesional o para aquellos basados en la recompensa.

El evaluador puede ser casi cualquiera que vea directamente el desempeño del evaluado, dado que debe establecer cuál de las descripciones del comportamiento se adapta mejor al desempeño del empleado.

Escala de distribución forzada (Forced Distribution Scale)

PATRÓN DE COMPARACIÓN	VARIABLES A EVALUAR	FORMATO DE ESCALA	EVALUADO	EVALUADOR
• Contra un criterio • Contra otros (con distribución forzada)	• Comportamientos • Resultados	Discretas de alternativas graduales	Personal	• Superior • Especialistas en desempeño

La llamada *Forced Distribution Scale* se puede considerar un desarrollo de la *Behavior Observation Scale* (BOS). En su patrón de comparación, la escala de distribución forzada obliga a que el resultado final de la evaluación cumpla con una determinada condición. Este patrón se puede aplicar en casi cualquier escala (BARS, BOS, incidentes críticos, *check list*...), aunque los más típicos son la comparación de un criterio con una distribución forzada del comportamiento (*Forced Distribution vs. Criteria Scale*), y la comparación del criterio con una distribución forzada en comparación con otros empleados (*Forced Distribution vs. Employee Scale*):

• Comparación de un criterio con su distribución forzada del comportamiento (*Forced Distribution vs. Criteria Scale*)

- Comparación de un criterio con la distribución forzada en comparación con otros empleados *(Forced Distribution vs. Employee Scale)*

En el caso de la comparación con el criterio con distribución forzada se debe insistir en lo ya expuesto: dependiendo de la referencia de comparación final podrá ser un patrón adecuado para los métodos basados en el desarrollo profesional o para aquellos basados en la recompensa.

En el caso de la comparación del criterio con otros empleados se trata de un método de evaluación adecuado para los métodos basados en la recompensa.

Escala de comparación por pares (Paired Comparison Scale)

PATRÓN DE COMPARACIÓN	VARIABLES A EVALUAR	FORMATO DE ESCALA	EVALUADO	EVALUADOR
Contra otros (con distribución forzada)	• Comportamientos • Características individuales	Discretas de alternativas graduales	Personal	• Superior • Especialistas en desempeño

La escala de comparación por pares fuerza al evaluador a elegir quién de entre dos empleados tiene más desarrollada una determinada variable (desempeño de un empleado vs. otros empleados, rasgos de un empleado vs. otros empleados, comportamientos de un empleado vs. otros empleados...), de forma que se hacen varias comparaciones por pares en un grupo de empleados sobre una determinada variable, dando como resultado final un orden de los empleados en dicha variable. Su primera referencia se encuentra en Barrett (1914).

La escala de comparación por pares es una escala de evaluación adecuada para los métodos basados en la recompensa.

Este criterio se puede aplicar en:

- Comportamientos *(Paired Comparison Scale vs. Behavior)*

- Características individuales *(Paired Comparison Scale vs. Traits)*

- Desempeño como variable general *(Paired Comparison Scale vs. Performance)*

Escala de ranking atributos (Ranking Attributes Scale)

PATRÓN DE COMPARACIÓN	VARIABLES A EVALUAR	FORMATO DE ESCALA	EVALUADO	EVALUADOR
Contra uno mismo	• Comportamientos • Características individuales	Discretas de alternativas graduales	Personal	• Superior • Compañeros • Equipo • Otros agentes • Autoevaluación • Especialistas en desempeño

La escala ranking atributos fuerza al evaluador a hacer un orden entre determinadas variables de un mismo empleado (rasgos del empleado, comportamientos del empleado...). El resultado final es el orden de dichas variables en el empleado, siendo por tanto un método adecuado para los métodos basados en el desarrollo profesional. La primera referencia al ranking se encuentra en Cattell (1906).

Al ser una comparación en el mismo empleado, y no entre empleados, los evaluadores pueden ser varios, siendo la única condición que el evaluador sea quien vea directamente el comportamiento o las características individuales.

Escala ranking empleados (Ranking Employee Scale)

PATRÓN DE COMPARACIÓN	VARIABLES A EVALUAR	FORMATO DE ESCALA	EVALUADO	EVALUADOR
Contra otros con distribución forzada	• Comportamientos • Características individuales	Discretas de alternativas graduales	Personal	• Superior • Especialistas en desempeño

La escala *ranking* empleados fuerza al evaluador a establecer un orden entre un grupo de empleados respecto del grado de desarrollo de una determinada variable (desempeño de los empleados, rasgos de los empleados, comportamientos de los empleados...), de forma que el resultado final es el orden de los empleados en dicha variable. Es una escala de evaluación adecuada para los métodos basados en la recompensa.

Es importante señalar que, preferentemente, el evaluador debe ser quien tenga una relación jerárquica con el empleado, dado que en las funciones de su puesto estará el dirigir y evaluar al empleado. De esta manera se consigue con mayor facilidad la aceptación por parte del empleado tanto de la evaluación en sí como del evaluador en su rol. En determinadas situaciones, tales como evaluaciones especiales de desempeño en reestructuraciones de empresas, también pueden ser evaluadores con este método los especialistas en desempeño.

Este criterio se puede aplicar a comportamientos, características individuales o también al desempeño como variable general.

Escala de medidas de productividad (Productivity Measures Scale)

PATRÓN DE COMPARACIÓN	VARIABLES A EVALUAR	FORMATO DE ESCALA	EVALUADO	EVALUADOR
• Contra uno mismo • Contra un criterio • Contra otros (sin distribución) • Contra otros (con distribución forzada)	Resultados	Continuas	• Personal • Grupal • Empresarial	Sistema

Con las escalas de medidas de productividad se evalúa el grado en el que el evaluado, su departamento o incluso toda la empresa, ha alcanzado determinadas ratios de productividad establecidos.

Respecto del patrón de comparación puede ser contra uno mismo (por ejemplo, comparar el volumen de ventas del año precedente con el volumen de ventas del año actual), contra un criterio (por ejemplo, alcanzar un porcentaje de beneficio establecido), contra los otros (por ejemplo, una cuota de mercado), o contra los otros con distribución forzada (por ejemplo, estar entre el 10 % de los vendedores con mejores resultados)

El evaluador debe ser un sistema tipo ERP (*Enterprise Resource Planning*) de la empresa, dado que esta técnica se basa en alcanzar una medida objetiva previamente establecida.

En general es un tipo de escala que se utiliza para los métodos basados en la recompensa, dada su fiabilidad y objetividad. No obstante también se puede utilizar para los métodos basados en desarrollo profesional, dado que permite comparar el desempeño de un empleado con el desempeño pasado o el objetivo a alcanzar futuro.

Check List

PATRÓN DE COMPARACIÓN	VARIABLES A EVALUAR	FORMATO DE ESCALA	EVALUADO	EVALUADOR
Contra un criterio	• Comportamientos • Características individuales • Resultados	Discretas de presencia / ausencia	Personal	• Superior • Compañeros • Equipo • Otros agentes • Autoevaluación • Especialistas en desempeño

El *Check List* no es un tipo de escala, sino un formato de escala que ofrece como alternativas de evaluación «presencia vs. ausencia» a elegir respecto de un patrón de comparación «frente a una referencia». Puede aplicarse a comportamientos, características individuales o resultados:

- Comportamientos concretos *Check List Behavioral*; por ejemplo, si el evaluado escucha atentamente a su interlocutor.

- Características individuales *Check List individual characteristics;* por ejemplo si el evaluado tiene una determinada certificación.

- Resultados *Check List Results*; por ejemplo si el evaluado ha conseguido un determinado número de ventas.

Escala gráfica de clasificación (Graphic Rating Scale)

PATRÓN DE COMPARACIÓN	VARIABLES A EVALUAR	FORMATO DE ESCALA	EVALUADO	EVALUADOR
Contra un criterio	• Comportamientos • Características individuales	Discretas de varias alternativas graduales	Personal	• Superior • Compañeros • Equipo • Otros agentes • Autoevaluación • Especialistas en desempeño

Graphic rating scale no es un tipo de escala, sino un formato de escala diseñada para facilitar la labor de evaluación del evaluador gracias a unos símbolos. Por ejemplo, se colocan símbolos orientativos como caras sonrientes, caras enfadadas, signos positivos, signos negativos... en escalas como BARS o BOS. La *Graphic Rating Scale* permite al evaluador establecer el desempeño de un empleado en un continuo que indica niveles de altos a bajos de una determinada característica. La primera referencia que se encuentra de la *Graphic Rating Scale* fue Paterson (1922).

Aunque se suele utilizar para evaluar comportamientos (por ejemplo, trabajo en equipo), también se puede emplear para evaluar características individuales (por ejemplo, conocimiento de una determinada materia).

Escala estándar mixta (Mixed-Standard Scale)

PATRÓN DE COMPARACIÓN	VARIABLES A EVALUAR	FORMATO DE ESCALA	EVALUADO	EVALUADOR
Contra un criterio	• Comportamientos • Características individuales	Discretas de varias alternativas graduales	Personal	• Superior • Compañeros • Equipo • Otros agentes • Autoevaluación • Especialistas en desempeño

La *Mixed-Standard Scale* no es un tipo de escala, sino un formato específico de escala diseñada para facilitar la labor de evaluación del evaluador. Se trata de un formato específico de escala adecuado para el tipo de escala incidentes críticos, que obliga al evaluador a ponderar la presencia del atributo. Con este formato se obliga al evaluador a escoger el desempeño del evaluando en la comparación con el estándar de entre las alternativas «mejor que» vs. «igual a» vs. «peor que».

Aunque se suele utilizar para evaluar comportamientos (por ejemplo, trabajo en equipo), también se puede emplear para evaluar características individuales (por ejemplo, conocimiento de una determinada materia).

Escala de elección forzada (Forced Choice Scale)

PATRÓN DE COMPARACIÓN	VARIABLES A EVALUAR	FORMATO DE ESCALA	EVALUADO	EVALUADOR
Contra un criterio	• Comportamientos • Características individuales • Resultados	Discretas de presencia / ausencia	Personal	• Superior • Compañeros • Equipo • Otros agentes • Autoevaluación • Especialistas en desempeño

La Forced Choice Scale no es un tipo de escala, sino un formato especifico de escala diseñada para facilitar la labor de evaluación del evaluador. Con este formato se solicita escoger al evaluador, en comparación con un estándar, de entre las alternativas que distinguen entre desempeño exitoso y desempeño no exitoso. Se trata de un formato específico para el tipo de escala incidentes críticos. Su primera referencia se encuentra en el *Psychological Bulletin* (Travers, 1951).

Aunque se suele utilizar para evaluar comportamientos (por ejemplo, trabajo en equipo), también se puede emplear para evaluar características individuales (por ejemplo, conocimiento de una determinada materia) o incluso resultados.

Planilla de resultados personal (Personal Scorecard)

El *Personal Scorecard* no es un tipo de escala, sino un formato en el que se reflejan los resultados conseguidos por un determinado empleado tras su evaluación del desempeño, ya sea con escalas objetivas y numéricas o por cualquier otro tipo de escala.

Se debe señalar que, en su versión más completa y para una empresa en su conjunto, se utiliza la planilla de resultados balanceada (*balanced scorecard*, BSC), que tiene en cuenta los resultados generales de toda la empresa conforme a varias categorías relacionadas como la financiera, el cliente o los procesos.

OBSERVACIONES A LOS MÉTODOS DE EVALUACIÓN DEL DESEMPEÑO

En el presente apartado se ha expuesto una ruta de ocho variables que se deben contemplar para tomar la decisión de cómo diseñar el método de evaluación del desempeño más adecuado para cada ocasión. También se han expuesto los principales tipos de escalas existentes y su relación con las variables que definen los métodos de evaluación. Sin embargo, para tomar la decisión estratégica sobre el método de evaluación más adecuado, y la escala acorde al mismo, se debería contemplar un modelo integral de evaluación del desempeño integrando factores como el contexto, la comunicación, los sesgos de la evaluación o las emociones.

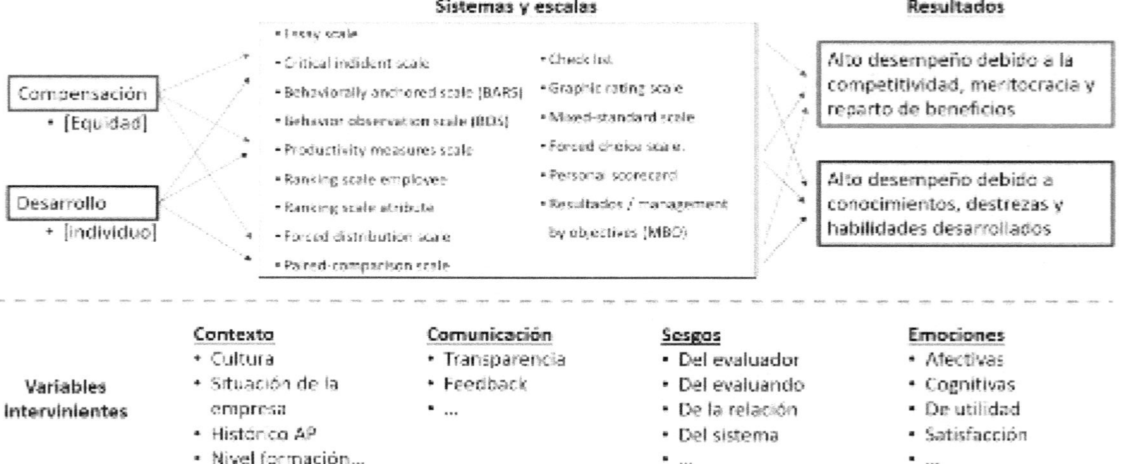

Figura 11. Propuesta de modelo integral de evaluación del desempeño.

Contemplar un modelo integral de evaluación del desempeño debe reforzar la importancia de elegir el método más adecuado para cada empresa y situación, siendo para ello imprescindible transitar por la ruta de las ocho variables propuestas. Para ello hay que evitar el error de mezclar aquellos métodos basados en la recompensa y los basados en el desarrollo profesional cuando se aplica un método de evaluación del desempeño en una empresa.

7. LA ENTREVISTA DE EVALUACIÓN DEL DESEMPEÑO

El proceso de la evaluación del desempeño, en la medida en que contiene una buena dosis de intercambio de opiniones e información entre el evaluado y el evaluador, se puede poner en práctica a través de un método clásico de trabajo: la entrevista.

TIPOLOGÍA DE ENTREVISTAS

Según Mayntz (1987), las entrevistas se pueden clasificar de diferentes modos, en función del grado de estandarización, el modo de realización y el número de intervinientes. En este sentido podemos diferenciar los siguientes aspectos:

- Por el grado de estandarización: entrevistas no dirigidas (cualitativas, no estructuradas), entrevistas intensivas o en profundidad y entrevistas por medio de cuestionario estandarizado.
- Por el modo de realización: entrevista oral y entrevista por escrito o autoadministrada.
- Por el número de intervinientes: entrevistas individuales y entrevistas o discusiones en grupo.

Es evidente que el tipo de relación que se establece entre entrevistador y entrevistado difiere notablemente en función de que se realice una entrevista individual o en grupo. Lo mismo se puede observar entre una entrevista en profundidad o una entrevista sometida a un cuestionario previo definido. Por tanto, a la hora de encontrarse entrevistador y entrevistado en disposición de compartir información, quien lleva la dirección de la entrevista tomará la decisión sobre el esquema con arreglo al cual desea que se desarrollen las cosas. Para ello deberán tener en cuenta los aspectos diferenciales en el modo de abordar la entrevista, en función del objetivo de la misma.

De este modo, la denominada entrevista no dirigida se emplea con fines exploratorios cuando se están tratando de obtener las primeras informaciones antes de poder delimitar con precisión el alcance del tema sobre el que se está desarrollando la averiguación. Cuando este tema queda al descubierto se produce una conversación más espontánea y libre entre entrevistador y entrevistado.

Por otra parte, la entrevista estandarizada gestionada a través de un cuestionario permite al entrevistado menor grado de improvisación, o incluso nulo, ya que se debe responder a cuestiones claramente formuladas solicitando la elección de una opción entre varias alternativas. Este tipo de entrevista permite comparar las diferentes respuestas dadas a una misma pregunta por distintos entrevistados y la consiguiente cuantificación de los resultados obtenidos. Por ello se le considera el método más fiable en las encuestas de todo tipo.

EL DESEMPEÑO Y LA ENTREVISTA

Siguiendo la clasificación expuesta anteriormente, cabe afirmar que la entrevista de evaluación del desempeño estará situada entre las entrevistas orales, individuales y siguiendo un determinado criterio o estándar preestablecido. Según Gil Flores (2007), el desempeño de una persona en la empresa «expresa el modo en que un trabajador realiza las funciones y tareas que tiene asignadas, de acuerdo con la misión y los objetivos fijados por la empresa, y demuestra en el ejercicio de sus funciones poseer competencias exigidas para el puesto de trabajo que ocupa. La evaluación del desempeño puede atender por tanto a los logros en el trabajo, medidos en términos de producción o consecución de objetivos, y a la medida en que las competencias laborales que se asocian a un desempeño adecuado han sido demostradas».

Desde este punto de vista, la entrevista de evaluación del desempeño se convierte en una herramienta vinculada al potencial del individuo y al rendimiento esperado en su puesto de trabajo, que conecta desempeño, competencias profesionales y evaluación[13]. Se trata por tanto de conectar un hecho pasado, relativo al desempeño que ha tenido lugar en un determinado período, con el futuro del individuo evaluado que guarda directa relación con su potencial y sus competencias profesionales.

Preparación de la entrevista

En la entrevista de evaluación del desempeño se maneja información por ambas partes; por tanto, con carácter previo se habrá debido dar lugar a la recopilación de los datos necesarios para su correcto desarrollo. El empleado (evaluado) debe conocer con total claridad las reglas del juego.

Hace ya más de medio siglo General Electric desarrolló los siguientes criterios para la conducción de las entrevistas de evaluación del desempeño, que pueden verse hoy como un ejemplo de sentido común en la gestión de las organizaciones

---

13   Véase en este sentido Olaz, A. y Brandle G. (2013), de la Universidad de Murcia, en su obra *Diseño de una entrevista de evaluación del desempeño por competencias desde una perspectiva microsociológica*, Aposta Revista de Ciencias Sociales, nº 58, julio, agosto y septiembre 2013.

y como un referente con plena validez en muchas empresas de hoy[14]:

- Hacer planes específicos y concretos cuando sea posible y haya tiempo disponible.
- Hacer hincapié en los puntos fuertes sobre los cuales puede basarse el individuo o sobre los que pueda usar más eficazmente, más que sobre los puntos débiles que deben ser subrayados.
- Evitar sugerencias que signifiquen cambios de rasgos o de características personales; describir el comportamiento que fue perjudicial al individuo en ciertas situaciones y sugerir medios alternativos más aceptables de actuar.
- Conceptuar las oportunidades de crecimiento que existen dentro de la posición actual del individuo, reconociendo que generalmente el progreso descansa sobre contribuciones notables y responsabilidades delegadas.
- Limitar planes para el crecimiento a pocos ítems importantes, posibles de alcanzarse dentro de un periodo razonable de tiempo.
- Focalizar los planes sobre un objetivo; por ejemplo, aumentar la eficacia como especialista en comunicaciones, o como contador de costes, no sobre la mejora en general.

No es cuestión sencilla llevar a cabo la entrevista con la suficiente habilidad como para presentar claramente los hechos y lograr que el evaluado al terminar la misma salga convencido de orientar su desarrollo y ajustar su desempeño al nivel que se le exige, además de ser consciente de los

---

14   Kellog, M.S., *New Angles in Performance Appraisal Management Report*, nª 63, Nueva York, American Management Association, 1961.

aspectos positivos y negativos comentados en la reunión de evaluación.

Según Chiavenato (2007), el entrevistador, en su difícil papel, debe considerar dos aspectos importantes:

- Todo empleado posee aspiraciones y objetivos personales y, por muy elementales que sean sus funciones dentro de la empresa, debe ser considerado siempre como persona individual, diferente de los demás.
- El desempeño debe ser evaluado en función del puesto ocupado por el empleado, y fundamentalmente de la orientación y las oportunidades que recibió de su supervisor.

En cuanto a los aspectos de índole operativa, la preparación de la entrevista requiere atender a algunas cuestiones como las que se indican a continuación:

- Concertar la cita con tiempo suficiente y dedicarle a la reunión todo el tiempo que sea necesario.
- Recopilar la información precisa para ambas partes.
- Dar al empleado la información y los elementos necesarios para la preparación de la entrevista.

Las barreras en la comunicación

Es indudable que la realización de una entrevista excelente requiere salvar aspectos que pueden dar al traste con su desarrollo y que deben ser abordados por un buen director de la entrevista. Resumidamente se pueden destacar los siguientes escollos, de sobra conocidos por quienes han experimentado la gestión de este tipo de reuniones de evaluación:

- Gestionar los prejuicios. Se trata de salvar un aspecto del comportamiento humano que debe ser tamizado por parte del entrevistador. Cuestiones como la indumentaria, el sexo, la edad, la religión, la clase social, etc., pueden condicionar la capacidad de percepción del evaluador.
- Efecto proyección. Es la capacidad para atribuir a los demás los gustos, preferencias o el código ético con el que uno mismo se identifica. Puede distorsionar la imparcialidad del evaluador en la medida en que esa percepción no se basa en datos objetivos.
- Efecto escudo. Es el caso opuesto al anterior. Consiste en atribuir al interlocutor una posición radicalmente opuesta a la que uno mismo ocupa. Se trata de una posición enfrentada que podría poner en peligro, sin duda, el buen fin de la entrevista.

Para tratar de superar estas situaciones pueden tenerse en cuenta las siguientes recomendaciones, tanto para el entrevistador como para el entrevistado, en orden a crear un clima adecuado que facilite la comunicación entre ambas partes.

Para el entrevistador es importante definir con claridad su mensaje, evitando caer en prejuicios y confirmar que el receptor ha entendido perfectamente el mensaje trasladado. Evidentemente, cabe esperar de quien dirige la entrevista que esté perfectamente entrenado en la técnica de evaluación que vaya a aplicar, así como en la correspondiente metodología de trabajo.

Al entrevistado cabe requerirle que no se sitúe a la defensiva y no interrumpa los mensajes del entrevistador, salvo que sea necesario aclarar su contenido. En definitiva, el entrevistado deberá observar un comportamiento para el cual sería útil haber recibido previamente alguna sesión de formación, de modo que no se vea sorprendido por una entrevista cuyo contenido sea absolutamente novedoso. Debe conocer, con carácter previo, todo el proceso de evaluación del desempeño al que se somete y cada una de sus correspondientes fases de desarrollo.

Objetivos de la entrevista

De entrada, hablar de los objetivos de la entrevista es tanto como hablar de los objetivos que se persiguen con la evaluación del desempeño. Esta no es un fin en sí misma, sino un mero instrumento para mejorar los resultados de los recursos humanos de la organización. Ese macro objetivo se puede subdividir en la siguiente serie de objetivos intermedios a perseguir a través de la evaluación:

- Idoneidad del individuo para el puesto.
- Capacitación.
- Promociones.
- Incentivo salarial por buen desempeño.
- Mejora de las relaciones humanas entre superiores y subordinados.
- Desarrollo personal del empleado.
- Información básica para la investigación de recursos humanos.
- Estimación del potencial de desarrollo de los empleados.
- Estímulo para una mayor productividad.
- Conocimiento de los indicadores de desempeño de la organización.
- Retroalimentación (*feedback*) de información al individuo evaluado.
- Otras decisiones de personal como contrataciones, movilidad, etc.

De un modo esquemático, los objetivos centrales de la evaluación del desempeño se pueden presentar en tres fases:

1. Permitir condiciones de medición del potencial humano al efecto de determinar su plena utilización.

2. Permitir que los recursos humanos sean tratados como una importante ventaja competitiva de la organización, cuya productividad puede ser desarrollada dependiendo, obviamente, de la forma de la administración.

3. Ofrecer oportunidades de crecimiento y condiciones de participación efectiva a todos los miembros de la organización, con la consideración de los objetivos de la misma, de una parte, y los objetivos de los individuos, de otra[15].

---

15   Chiavenato, I.: *Administración de Recursos Humanos*, McGraw Hill, México, 2007.

8. LA EVALUACIÓN CONTINUA

Una de las tareas más difíciles del *management* y de Recursos Humanos es realizar y diseñar la evaluación del desempeño. En apartados anteriores se ha ido analizando cómo han evolucionado estos sistemas y qué diferentes modelos han existido. Ha quedado claro lo estratégico que este proceso es para el negocio, pero también cómo se ha ido transformando. Lo que solía ser una revisión anual se ha convertido en una nueva práctica, diferente, innovadora que se ha dado en llamar evaluación continua. El principal cambio no ha estado en realidad en el propio sistema de evaluación, sino en la importancia de dicha evaluación en sí misma y sobre el papel que el mánager tiene en el proceso, pasando del evaluador al *coach*.

El proceso de evaluación formaba parte de lo que cualquier mánager tenía que hacer; era parte de su esencia. En las dos últimas décadas, estos sistemas han sufrido un gran cambio, motivado por factores como pueden ser la globalización, los cambios sociales, la irrupción digital, la forma de relacionarse con los empleados o los modelos de organización. Todo ello ha hecho necesario reinventar un nuevo modelo de gestión, aplicado en la actualidad por muchas empresas, centrado en el *coaching* y el desarrollo más que en la pura evaluación y los *rankings*.

Y este nuevo modelo responde a una tipología de empresas que comparten algunas características comunes[16]:

16 Según artículo publicado por David Campos Callao en Capital Humano.

- Dejan de focalizarse en el mantra del EBITA para hablar, descubrir y sentir el propósito que los empuja y guía hacia sus nuevos desafíos
- Rompen con las estructuras jerárquicas enfocadas al control para impulsar nuevos ecosistemas basados en redes inteligentes de conocimiento interno y externo
- Transforman el control de las personas y los procesos en empoderamiento y autogestión de los equipos para afrontar sus retos.
- Pasan de la planificación y la predicción del futuro a procesos incrementales de prototipado y experimentación centrados en los clientes y empleados.
- Desmontan silos de información y privacidad, y abren nuevos espacios de transparencia y coherencia con el propósito organizativo.

David Campos hablaba de compañías con modelo de colaboración AGILE que fomentan, entre otras cosas, lo siguiente:

- Las personas y sus relaciones por encima de los procesos y las herramientas.
- La inspiración y la motivación por encima de la gestión y retención del talento.
- La colaboración y la confianza entre departamentos, equipos o redes por encima de los procedimientos laborales.
- La adaptación y flexibilidad por encima de la planificación y los KPI's.
- La transparencia y la coherencia por encima de la diplomacia y la estabilidad.
- La gestión sana del conflicto (inevitable entre homínidos) por encima de la paz social.

En estas compañías se imponen los nuevos sistemas de evaluación continua. De hecho, dicho sistema se comenzó a utilizar cuando compañías como Deloitte, Amazon y Accenture, entre otras, se dieron cuenta de que los sistemas tradiciones de *ranking* no tenían más sentido en sus organizaciones. Estas compañías determinaron que lo único que producían los sistemas tradicionales era una pérdida innumerable de horas de trabajo desaprovechadas persiguiendo el fin último de conseguir evaluar al personal para poder tomar decisiones sobre su futuro.

La realidad es que los sistemas tradicionales han puesto el foco más sobre números y *rankings* que en atender a la esencia, que es la persona. Y las organizaciones, que están formadas por personas que se comportan de forma diferente cada día, que reaccionan a las situaciones adaptándose a los problemas que puedan surgir, no lograban llegar a entender cuál era su punto crítico. Por eso, cuando se realiza una evaluación continua no limitada a unos objetivos, que pueden estar obsoletos, se tiene en cuenta al individuo como un todo y no a una situación puntual determinada en un momento pasado y sin validez en el momento actual. Se verá en este apartado de dónde parte este nuevo modelo, la relación con el *feedback* o retroalimentación, sus diferentes modelos o tipologías y cómo puede llegar a ser una implantación real basada en una metodología, así como los factores de éxito.

Es importante entender la razón de este cambio. El viejo modelo del *ranking* y la curva de desempeño forzada estaba basado en un modelo industrial y de trabajo, donde los empleados eran reemplazables y se podía sustituir a los empleados «no válidos» porque no trabajaban de acuerdo a los estándares establecidos. Hoy el 85 % de la capitalización está en la propiedad intelectual, en la marca y los servicios; en esta realidad cada persona cuenta y tiene un valor difícil de reemplazar. Los empleados son más valiosos que los mánagers, así que se necesita invertir el foco y entender que los mánagers sirven a los empleados, y no al contrario. Es un cambio de paradigma; si se quieren definir metas, medirlas y progresar para mejorar el rendimiento como empresa, se debe ser más ágil, dar a los empleados mucho más *feedback* y ejercer como *coaches*. Este cambio de paradigma se refuerza con la entrada de una nueva fuerza de trabajo, los *millennials* y la Generacion Z, cuyos valores son totalmente diferentes a los de generaciones precedentes: son más pragmáticos y realistas, y comparten su vida e inquietudes en tiempo real gracias a la continua conexión a Internet. Estas nuevas generaciones están demandando cambios en la forma de gestionar a las personas. El proceso tiene que ser reinventado; ya no se trata solo de evaluar sino de reconocer los comportamientos cuando se producen para que puedan ser modificados en tiempo real y con la rapidez que se exige.

Otro tercer factor importante tiene que ver con la forma de afrontar el trabajo, con la manera de organizarlo: ya no se trabaja tanto de forma individual sino en equipos dirigidos, no solo por un mánager sino por varias personas (*project leader, sponsor*, responsable funcional y jerárquico). Todos ellos aportarán opiniones diferentes que deben ser escuchadas y añadidas al proceso de evaluación. Los equipos, además, crean y revisan sus objetivos y tareas, y se encargan de seguir su propio progreso, identificar obstáculos y generar ideas sobre cómo mejorar su rendimiento. Hablamos aquí de los trabajos o entornos colaborativos, donde la esencia es el trabajo en equipo con estructuras abiertas en los que la colaboración se da entre personas que aportan recursos, herramientas o soluciones para alcanzar un objetivo común. El *feedback* se convierte en algo multidireccional donde existe retroalimentación entre iguales y ascendente de los líderes y supervisores de equipos hacia los empleados. Todo el proceso de organización en la empresa ha cambiado, lo que ha motivado un cambio en el propio diseño del sistema de evaluación.

Y para corroborar estos datos y este proceso de cambio, basta indicar algunos datos. El 55 % de las compañías «Top Employers España» ya no aplican ningún método de *ranking* o clasificación forzada. Se apuesta por la confianza y las conversaciones cruciales, de calidad. En el 90 % de estas compañías los empleados asumen un papel activo a la hora de proporcionar información para la fijación de objetivos y en un 84 % el horizonte temporal de estos objetivos es flexible[17].

Algunos otros datos que ilustran la necesidad de este cambio se ven de forma gráfica en la Figura 12.

¿QUÉ ES LA EVALUACIÓN CONTINUA?

El concepto de evaluación continua surge del ámbito educativo. Según expertos en este ámbito, la práctica distribuida produce un aprendizaje de mayor calidad que la práctica masiva. En los medios educativos, la evaluación continua se entiende como un proceso fundamental para la enseñanza, dado que aumenta la probabilidad de conseguir un mejor aprendizaje. Y esto, que se aprende en los comienzos de la educación, no se ha aplicado al entorno laboral, que se ha basado en objetivos identificados una vez al año, revisados sin posibilidad de cambio y evaluados cuando no tenían, en algunos casos, mucho más sentido. Debe tenerse en cuenta que el entorno y la realidad de la empresa pueden cambiar dramáticamente, y lo que se define al comienzo del año puede no tener sentido cuando el año toca a su fin.

17　Datos recogidos en el artículo «La revolución en la gestión del desempeño», Salvador Ibáñez, 2019.

Figura 12. *Annual Performance Review vs. Continuous Feedback Infographic*. Fuente: elearninginfographics.com.

Este nuevo concepto de evaluación continua significa ir más allá de los momentos formales de la evaluación del desempeño y la revisión anual, y basarse en lo que ocurre de forma constante en el día a día de la organización. Se debe contar con una retroalimentación acerca del propio trabajo, reforzando los comportamientos positivos y dando la opción para mejorar los que no lo son tanto antes de que sea demasiado tarde. Reconocer los problemas que existen es el primer paso para encontrar la solución.

Por este motivo es importante que la comunicación sea continua. Hoy en día el empleado tiene mucha más voz que antes y esta voz puede ser muy potente. Por eso lo mejor es poder canalizarla de forma constructiva. Los nuevos profesionales son la encarnación de un mundo en tiempo real, en el que, a través de los dispositivos móviles, se tiene toda la información al instante y un *feedback* al momento.

Este proceso debe ser simple, cercano y práctico, donde el objetivo principal tiene que ser el obtener retroalimentación de los mánagers hacia los colaboradores y viceversa. Esto se puede lograr a través de herramientas digitales, sistemas ágiles que guarden la información, contrasten diferentes evaluaciones y proporcionen todos los datos necesarios para tener una visión global de lo que la persona ha corregido durante el año y qué resultados ha demostrado.

El objetivo es crear cercanía de los mánagers con los colaboradores para que estos puedan desarrollar sus metas profesionales y alinear los objetivos de la empresa con los de los trabajadores.

Las nuevas generaciones buscan aprender de los líderes y demandan relaciones de cercanía y devoluciones constantes a su desempeño. Para que este modelo se haga realidad se necesitan líderes capacitados que puedan brindar este tipo de devolución para resistir conversaciones difíciles y poder establecer áreas de mejora.

En general, la atención se centra en dar retroalimentación más inmediata y continua durante todo el año para que los equipos puedan ser más ágiles, corregir los errores y mejorar el rendimiento. Se trata de tener experiencias de aprendizaje rápidas y enriquecedoras. El mánager no es más el juez que evalúa dando recompensas o sancionando por los errores cometidos, sino el *coach* que construye relaciones de compromiso con el equipo y la organización, asistiendo y soportando a los colaboradores en sus dificultades y en los posibles problemas que puedan enfrentar. El mánager debe encontrar los caminos para generar niveles altos de motivación y compromiso. Según varias teorías de liderazgo (Avolio, 2009; Bass & Bass, 2008), los líderes son más efectivos cuando pueden inspirar, guiar y asistir a los colaboradores. Un sistema de evaluación construido alrededor del concepto del *coaching*, y teniendo en cuenta estos valores básicos del liderazgo, tendrá con seguridad muchas más posibilidades de éxito. Hay que dejar de evaluar y comenzar a liderar.

En este sentido se recomienda la lectura del interesante artículo de José Manuel Casado «De la evolución del desempeño al reconocimiento del desempeño» (2019) publicado en Harvard Business Review, en el que se resumen algunos cambios en el sistema de gestión de personas.

LA RETROALIMENTACIÓN Y SU INTEGRACIÓN EN LA EVALUACIÓN CONTINUA

Uno de los ejemplos más conocidos de aplicación del modelo de retroalimentación es el de la NFL (*National Football League*) en USA. EL *feedback* es una parte crítica en este juego dentro y fuera del campo. Los jugadores de la NFL juegan los domingos o los lunes y el resto de la semana se dedican, junto con sus *coaches*, a revisar las jugadas del partido analizando detalladamente las situaciones, comportamientos y acciones que se han producido y qué impacto han tenido en su propio juego. Trabajar esos momentos especiales les hace aprender técnicas y generar resultados a futuro. El modelo, según Karl Moore, se creó en el Centro de Liderazgo Creativo y se llama SBI model (*Situation, Behaviour, Impact*).

El SBI model se desarrolla en tres momentos:
1. Identificación de la situación que ha tenido lugar.
2. Descripción del comportamiento observado.
3. Evaluación del impacto que ese comportamiento ha tenido en uno mismo.

El modelo, que es sencillo en su estructura, ofrece retos a los mánagers cuando tienen que observar a sus equipos. Hay que tener una determinada capacidad de observación y trasladar lo que se ha observado a comportamientos que tu colaborador identifique. Este *feedback* tiene que ser lo más cercano posible al tiempo en el que se produjo.

Contar con retroalimentación sobre el propio trabajo refuerza los comportamientos positivos y da opción a mejorar los que no lo son tanto. El problema existe cuando, en nuestro día a día, no se encuentra el momento adecuado para dedicar tiempo a este proceso. Hay que adquirir el hábito de dar retroalimentación lo más cercana posible a tiempo real. Y esto es lo más complicado; hay que dar prioridad a este trabajo y dedicarle el tiempo que sea necesario. Siempre hay que recordar un aspecto que muchos directivos olvidan, y es que, cuanto más alto se está en la estructura organizativa menor tiempo se debe dedicar a aspectos técnicos del trabajo y más al equipo. Los éxitos del directivo serán los que su equipo consiga y no al revés. Por eso está también la segunda máxima: el directivo debe seleccionar a los mejores, que deben ser mejores que él para poder aportar diversidad y nuevas ideas que se salgan de eso a lo que el propio equipo está acostumbrado.

Pero en este proceso siempre hay dos partes muy diferenciadas: aquellos que dan *feedback*, esto es los mánagers o gerentes de personas, que tienen que aprender cómo se hace, qué técnicas existen y qué beneficios conlleva; y aquellos que lo reciben, que tienen que estar preparados para escuchar y saber elaborar un plan para mejorar o reforzar todo lo que se les traslada.

En el proceso de retroalimentación se trata de ofrecer información a una persona de sus resultados. Pueden ser comentarios o consejos que pretendan dar información para conseguir mejoras futuras. Es una forma de demostrar si se está satisfecho con el desempeño o si hay que realizar alguna mejora.

Este intercambio de información entre los colaboradores y los mánagers puede ser algo positivo o convertirse en algo muy negativo. Puede ayudar a motivar a conseguir sus metas o puede llegar a desmotivar, lo que conllevaría la pérdida del profesional.

Dar un buen *feedback* no es una cuestión de comunicar únicamente una opinión; tiene que haber un trabajo previo con objeto de que sea coherente con los valores y la estrategia de la organización.

Para realizar un buen proceso de *feedback* hay que realizar un entrenamiento a los colaboradores y a los mánagers. Este es un nuevo proceso al que nadie está acostumbrado; recibir *feedback* no es tan común y, dependiendo de quién o cómo lo transmita, tendrá unos efectos positivos o negativos. Desde el comienzo del trabajo en sus programas *on boarding* hay que enseñar al colaborador quién y cómo se realizará ese *feedback* o retroalimentación. Hay que ir ofreciendo *feedback* tanto de lo que se está haciendo bien como de lo que hay que mejorar. En el caso de los mánagers, hay que entrenarlos en esta nueva forma de gestión, en la que la retroalimentación es la base de su trabajo como gestores de equipos. El *feedback* debe ser constructivo e idealmente debe tener una vía de doble dirección. Para ser constructivos, los comentarios sobre los comportamientos deben ser específicos y señalar en qué aspectos se puede mejorar. Un *feedback* frecuente y positivo es motivador y genera compromiso.

El proceso de evaluación continua al que se hace mención en todo este apartado se basa principalmente en este proceso de *feedback* continuo. Es fundamental para un colaborador recibir *feedback* no solo en la evaluación, sino de manera constante. La tecnología ha facilitado este proceso con plataformas digitales que se ocupan de tener el registro de los datos a la vez que un acceso fácil por parte del colaborador y el mánager.

Los siguientes cinco pasos pueden ayudar a mejorar la puesta en práctica de esta herramienta de *feedback*, según sugiere Ángeles Velarde Barón en la revista Capital Humano.

1. Diagnóstico (por qué). Es el momento en que plantearse, por ejemplo, realizar un análisis DAFO y examinar cuestiones como los estilos de liderazgo en la organización, el grado de motivación y compromiso, recoger las opiniones del personal sobre la implantación del sistema de evaluación y entrega de *feedback*, planes estratégicos más recientes, trayectoria y principales hitos de la organización, cambios más significativos acontecidos y previstos en el entorno, así como análisis del sector y de los principales agentes con los que se relaciona.

2. Objetivos a alcanzar con la entrega de un buen *feedback* (para qué). Los objetivos del proceso de *feedback* pueden ser varios y, dependiendo del objetivo, su puesta en escena puede cambiar. De entre los objetivos generales del proceso de *feedback* cabe señalar:
    - Desarrollar la cultura de colaboración, motivación y compromiso que fortalezca el orgullo y el sentido de pertenencia al equipo.
    - Contribuir al desarrollo personal y profesional, así como desarrollar planes de carrera.
    - Reconocer el trabajo de calidad.
    - Poner a disposición de las personas las herramientas necesarias que contribuyan a facilitar su desempeño.
    - Mejorar resultados.

3. Estrategia (cómo). El proceso de *feedback* debe estar en consonancia con la cultura, misión, visión y valores de la organización; esto sin olvidar los recursos de los que se dispone. Para ello se deben definir:

- Qué competencias se evalúan.

- Quién evalúa y quién entrega el *feedback*: las personas con las que se relacione el empleado que recibe el *feedback* deben ser las que se relacionen con él en el ámbito evaluado. Por otra parte se debe equilibrar el número de personas y un resultado lo más objetivo posible.

- A quién se le evalúa el desempeño: cada vez se apuesta más por un sistema integrador en el que se evalúa el desempeño de todos los componentes del equipo. Las personas deben estar sensibilizadas y la cultura ser propicia.

- Elegir el método de evaluación más o menos formalizado que se adecue a la organización (es decir, cómo se da el *feedback*). La tendencia apunta hacia conversaciones de desarrollo prescindiendo de evaluaciones numéricas. En cualquier caso se precisará definir el proceso de *feedback*; por ejemplo, confeccionando formularios y determinando tanto su envío como la recepción de las respuestas, el tratamiento de la información, etc. Establecer un calendario (es decir, cuándo se da el *feedback*): establecer los tiempos de cada fase del proceso de evaluación y la periodicidad del mismo. Las conversaciones de desarrollo se caracterizan por un *feedback* continuo sin esperar a un momento de evaluación. Sin embargo, habrá que valorar si la existencia de *feedback* muy frecuente puede convertir el proceso en rutinario, fomentando así la pérdida de efectividad, o si *feedback* muy alejado en el tiempo puede hacer perder el interés por el mismo.

4. Plan de Acción:

• Formación a las personas que entregan y reciben el *feedback*: una de las cuestiones para que las personas estén receptivas es que se hayan sentido partícipes en las fases de planificación. Es muy importante que este proceso se dé a conocer de manera transparente y cuidadosa al equipo, convocar reuniones informativas y participativas y responder a todas las dudas que surjan al respecto.

• Entrega del *feedback*: dar *feedback* no implica dar un juicio sobre las características de la persona. El mismo ha de estar basado en datos obtenidos sobre de los comportamientos observados y transmitir lo más objetivamente posible su conclusión con el fin de mejorar o potenciar determinadas conductas. Algunas pautas que se proponen son:
   - Programar y convocar la reunión con antelación.
   - Que la reunión se lleve a cabo en un lugar cómodo, que no haya interrupciones, preferiblemente neutro, es decir, que no se trate del despacho de alguna de las personas intervinientes.
   - Dar lugar a que la persona cuyo desempeño se evalúa se exprese.

- Usar un lenguaje de estilo conversacional, de calidad, claro y en positivo.
- Reconocer los logros y centrarse en las fortalezas.
- Establecer un plan de actuación. Se aconseja establecerlo de forma consensuada para propiciar la motivación y el compromiso de las partes, tanto por parte de la persona cuyo desempeño se evalúa (por ejemplo, actualizarse o desarrollar nuevos hábitos) como de la persona que evalúa y de la dirección del equipo (compromisos relacionados con la asignación de recursos, oportunidades de entrenamiento u otros apoyos necesarios).

• Determinar las fechas de forma consensuada para realizar dichas acciones, preferiblemente en un corto plazo de tiempo, cuando se cuenta con una actitud positiva con respecto al *feedback* recibido.

• Realizar un seguimiento conjunto del plan de actuación acordado entre las partes.

5. Evaluación del proceso. Considerar el proceso de modo que permita realizar ajustes, ir adecuándolo progresivamente e incluir mejoras en ciclos futuros.

EXPERIENCIAS Y TIPOS DE EVALUACIÓN

Hay varias experiencias, sistemas y tipologías aplicadas de evaluación continua que se han desarrollado en diferentes empresas y que pueden facilitar una visión global de cómo implantar en las empresas el proceso de evaluación continua.

1. Conversaciones informales y frecuentes. Ejemplo de este tipo de evaluación es el utilizado por la empresa Cigna. Mediante las «conversaciones informales y frecuentes» se fomenta una cultura de desarrollo y diálogo entre los mánagers y empleados. En estas conversaciones se tratan todos los aspectos del trabajo en cualquier momento del año. Por eso se habla de conversaciones informales, porque no hay un tiempo establecido para poner en marcha estas conversaciones, que pueden repetirse tantas veces como sea necesario en cada caso.

2. *Check-in.* Ejemplo de este tipo de evaluación es el utilizado por la empresa Lilly. En la evaluación «Check-in» se buscan acuerdos sobre cómo superar los obstáculos y cómo desarrollar acciones para afrontarlos. Se trata de evaluar competencias de manera informal. El trabajador y el empleado se reúnen cada mes y redactan un pequeño informe donde se recogen objetivos del colaborador alineados con el mánager y recomendaciones de mejora. El informe se recopila mes a mes hasta llegar a crear un documento a final de año que es utilizado para recompensar a los trabajadores. Este sistema busca acuerdos sobre cómo superar los obstáculos y cómo desarrollar acciones para afrontarlos. Este sistema también se puede utilizar para el desarrollo de carrera. Aún continúa existiendo el proceso anual, aunque fruto del trabajo mensual de generación progresiva de datos y hechos que servirán a la evaluación final.

3. *Ongoing Feedback* 360º. Este modelo incide en la relación de los mánagers y empleados para alinear la productividad con las metas y necesidades del negocio e incorpora una aplicación que permite a los colaboradores compartir con sus colegas comentarios sobre su tra-

bajo *on line*. Es un sistema de evaluación que se realiza en tiempo real, y en ella el colaborador puede ser evaluado en cualquier momento por cualquier profesional con quien se relacione: colegas, clientes, mandos, etc. A su vez este proceso puede ser de doble dirección y cada uno puede también devolver su *feedback*. Ejemplo de este tipo de evaluación es el utilizado por la empresa Goldman Sachs, una de las firmas financieras más importantes a nivel global.

4. Centrar la evolución en diferentes tipos de preguntas. Ejemplo de este tipo de evaluación es el utilizado por la empresa Deloitte. Este tipo de evaluación se centra en las futuras acciones que van a emprender con las personas. No se trata de hacer una evaluación del pasado sino del futuro, orientando la evaluación al desarrollo y a reforzar las fortalezas. Este fue un cambio radical del modelo que Deloitte utilizaba basado en *rankings*. Las preguntas que se realizaban eran las siguientes:

- Teniendo en cuenta que conozco el desempeño de esta persona, ¿la compensaría con el mayor bono y el mayor aumento salarial este año? Se mide aquí el desempeño global, que genera una acción de compensación clara como pueden ser dar un bono o un aumento salarial.

- ¿Quiero a esta persona en mi equipo? Medimos la habilidad de trabajo en equipo de la persona. Si quiero que la persona continúe es porque se desenvuelve bien con otros y está aportando algo que el equipo necesita.

- ¿Tengo algún riesgo de que su rendimiento decaiga o sea bajo? ¿Estoy identificando si existe algún problema que me haga dudar de la persona y su desempeño futuro?

- ¿Esta persona está preparada para una promoción? Se evalúa el potencial de la persona para ejercer otros puestos o funciones dentro de la organización.

Como comentamos, en esta evaluación lo que se quiere es evaluar lo que se haría con esta persona más que lo que se piensa de ella. Estas evaluaciones son periódicas y realizadas por más de un mánager. Se pueden utilizar al final de cada proyecto, donde se realiza una reunión en la que se debate lo que se hará con cada persona que ha participado de un determinado proyecto. Se analizaban tres tipos de objetivos: reconocer el desempeño, diseñar conversaciones cortas que permitan a los líderes establecer expectativas de la semana y revisar prioridades. El trabajo del líder se convierte en esta revisión semanal que puede ser iniciada también por el propio colaborador a través de su autoevaluación donde se presentan sus fortalezas y sus áreas de mejora.

5. Eliminación de la propia evaluación anual. Ejemplo de este tipo de evaluación es el utilizado por la empresa General Electric. La nueva misión de los mandos es apoyar de manera más orgánica a sus trabajadores sin utilizar un sistema de clasificación estrictamente definido.

6. Modelo centrado exclusivamente en las fortalezas de los colaboradores. Ejemplo de este tipo de evaluación es el utilizado por Accenture, que ha pasado de una evaluación del desempeño a un desarrollo del desempeño,

involucrando a los mánagers en el desarrollo de sus colaboradores. Los colaboradores trabajan con sus superiores para establecer metas para ellos mismos. Existe una plataforma que mantiene la información en tiempo real, generando retroalimentación constante y seguimiento de las mejoras ocurridas. Según palabras del presidente de Accenture, Pierre Nanterme, «El arte de los líderes no está en medir o evaluar, sino en seleccionar a los mejores y darles la libertad, autoridad para el desempeño de las actividades del día a día».

7. *Peer Review*. Ejemplo de este tipo de evaluación es el utilizado por Google. En ella la evaluación del desempeño la realizan compañeros que no pertenecen al equipo. La atención se centra en ofrecer retroalimentación más inmediata y continua durante todo el año para que los equipos puedan ser más ágiles, corregir errores, etc.

8. *Softwares* basados en inteligencia artificial. Se trata del más innovador sistema de evaluación del desempeño. Gracias a estos *softwares* se evalúa el estilo de trabajo de los empleados basándose en su lenguaje, comportamiento e interacción con otros. Los resultados se comparan.

El gran debate sobre la creación de estos modelos y sistemas de evaluación continua del desempeño se originó por cuestionar la validez que tenían los *ratings* utilizados en el pasado frente a estos *check-in* o conversaciones frecuentes. La conclusión fue que el conocimiento no tiene una dimensión única, como tampoco la tiene el individuo a evaluar. No es el simple número que utilizamos para evaluar a la persona lo que vale, sino que es toda la dimensión, la persona en su entorno laboral, con sus conocimientos y expectativas.

En nuestros días, con el *Big Data* se debe reconocer que se tiene cada vez más información accesible para realizar todas las evaluaciones; sin embargo, lo que interesa de verdad es la conversación con el colaborador, la explicación de lo ocurrido y el asesoramiento en lo que será su siguiente etapa. La información estará disponible y servirá para tomar decisiones, pero la interacción con el colaborador debe ser constante y continua para que genere valor. Lo que todo este conjunto de nuevas metodologías intentan es definir una nueva filosofía basada en la claridad y el crecimiento de la persona orientado a su futuro profesional dentro de la organización. Y es así como los empleados quieren que sea: piden que sus organizaciones los escuchen, que se les dé retroalimentación constante basada sobre datos concretos que ellos puedan entender. Todos los sistemas mencionados anteriormente pretenden conseguir este objetivo, que no es otro que desarrollar al empleado y retenerlo para que pueda dar el máximo valor a la organización.

¿CÓMO IMPLANTAR LA EVALUACIÓN CONTINUA?

El primer paso que se debe considerar es realizar un diagnóstico de qué tipo de sistema de evaluación está implantado en la organización y qué necesidad de cambio existe. Solo hay que evaluar los resultados que el sistema ha generado en los últimos años. Para determinar el tipo de sistema que una organización está utilizando hay que responder a algunas de las siguientes preguntas:

* ¿Es un sistema basado en la persona?
* ¿Los objetivos individuales se centran en el desempeño pasado?
* ¿Es un proceso estático con un ciclo anual?
* ¿Los procesos y herramientas requieren alta dedicación?

- ¿El sistema está basado en la evaluación de competencias?

Si la contestación a todas estas preguntas es positiva, el sistema estará basado en el proceso de evaluación tradicional y no en una evaluación continua. Hay mensajes claves que será prioritario considerar si realmente se quiere realizar este cambio. No se trata de un cambio de procesos sino de un cambio de mentalidad, de manera de hacer las cosas; en definitiva, un cambio de comportamiento y roles. Y aquí viene la principal resistencia. En general, las organizaciones llevan muchos años realizando evaluaciones que nadie utiliza y nadie quiere pero que formaban parte del proceso que desde Recursos Humanos se impulsaba. Si se quiere que el nuevo proceso se desarrolle, deberá de ser ofreciendo un nuevo contenido y creando uno nuevo que tenga sentido en la organización.

Para ello, lo más importante es entender que el rol de mánager y el del colaborador deben cambiar cuando se instaura una evaluación continua.

El rol del mánager debe evolucionar hasta que se convierta en *coach* de su equipo, liderando para conseguir los objetivos propuestos y realizando un seguimiento continuo enfocado a resaltar las fortalezas del equipo y su mejora. El líder tiene que marcar la dirección, sumando la fuerza del equipo y trabajando hacia el logro. Además, debe dedicar más tiempo al desarrollo de las personas para que el equipo progrese; identificar el talento, destacando a los profesionales excelentes y hacer propuestas de desarrollo, promoción y mejora retributiva de acuerdo a la evaluación continua que ha ido desarrollando. Se trata de conocer en profundidad a las personas que trabajan en el equipo, entender lo que buscan, desarrollar herramientas de ayuda para conseguir los objetivos marcados entre ambos y no solo en una dirección.

Esta idea de seguimiento continuo ha sido una máxima que los mánagers en el pasado han argumentado cuando no querían hacer la evaluación anual: «Yo conozco a mi equipo porque día a día trabajo con ellos, mi *feedback* es constante». Ahora se debe utilizar este mismo argumento para, con los medios actuales, hacer que ese *feedback* quede reflejado en herramientas ágiles a las que tengan acceso tanto el mánager como el colaborador.

El rol del colaborador cambia porque en la evaluación continua este adquiere un grado mayor de compromiso con su desarrollo; ya no tiene que esperar a que lo evalúen. Participa en la definición de sus objetivos, establece líneas de mejora y solicita *feedback* continuo. Él es el responsable de su propio desarrollo y para ello toma un papel activo a la hora de pedir la evaluación, proponer objetivos e identificar sus propias áreas de mejora. Cada colaborador recibe *inputs* que pueden venir de su línea de mando o de otros colegas o clientes que interactúan con él en su día a día. No hay que esperar a que «mi mánager me diga lo que tengo que hacer»; el objetivo debe estar fijado, ser claro y el mánager le ayuda a conseguirlo.

Se trata de formular un nuevo modelo que debe estar basado en varias palancas. Entre ellas las más utilizadas son los objetivos, el *feedback*, las revisiones de desempeño y las decisiones de promoción, retributivas o de desarrollo:

1. Objetivos: ¿cómo se van a definir los nuevos objetivos? ¿Qué tipología de objetivos se van a tener? (de equipo, colaborativos, cualitativos basados en desarrollo, etc). Los objetivos tienen que ser revisables, orientados al desarrollo del equipo o individuales. No son objetivos estáticos, sino retadores y variables en función de la dinámica del propio trabajo. Se pueden cambiar durante el año y se pueden definir a corto o medio plazo. El prin-

cipal cambio del modelo es que los objetivos se definen juntos, el mánager y el colaborador los definen y cada uno puede introducirlos en la herramienta y ser validados posteriormente. El colaborador puede también invitar a sus compañeros a que sigan o participen en tus propios objetivos, informar a su *sponsor*, mánager funcional y otros departamentos de sus propios objetivos. Siempre hay que definir unos objetivos; es la meta en la que el equipo debe centrarse. Todo sistema debe contar con esta definición. Los cambios en estos nuevos modelos recaen sobre la tipología de objetivos, que pueden ser objetivos cuantificables, y objetivos transformadores basados en el desarrollo de la persona, y por lo tanto más cualitativos. No se trata exclusivamente de conseguir unos resultados, sino que se puede establecer como objetivo desarrollar una competencia o habilidad necesaria para el puesto de trabajo. Aprender idiomas o conseguir negociar con resultados esperados pueden ser algunos de los nuevos objetivos ligados a un proceso de desarrollo personal.

A modo de resumen, los objetivos deben ser:

- Participativos.
- Enfocados al cambio, la transformación de la compañía y la permanente innovación.
- Orientados al logro y la mejora de la función, y no a la consecución individual de la persona.
- Fijados con un plazo mayor al anual, adaptables y revisables de forma continua durante el año.
- Orientados al logro transversal entre distintas áreas, implicando a responsables y personas de soporte en el logro del objetivo.
- Accesibles y visibles por todo el equipo de trabajo.
- Y por supuesto SMART.

2. *Feedback.* ¿Qué tipo de *feedback* hay que dar y cómo se va a realizar? ¿Van a tener lugar conversaciones constantes, se va a definir una herramienta de *feedback* en tiempo real? Es importante recordar que la persona tiene que ser el principal actor de su propio desarrollo y que tiene que asumir un rol más proactivo y reflexivo acerca de sus propias habilidades y fortalezas. El nuevo modelo tiene que poner a la persona en el centro de la estrategia. El *feedback* debe ser constante, la conversación iniciada de forma proactiva por los miembros del equipo y por los propios superiores jerárquicos, funcionales o responsables de proyecto. El mánager tiene la responsabilidad de desarrollar al equipo identificando sus fortalezas y conocer a todos sus miembros para poder proporcionarles oportunidades de carrera, promoción, etc. Las personas se convierten en protagonistas de su propio desarrollo; tienen que realizar una reflexión sobre sus propias fortalezas y sus expectativas de carrera. Para ello, en la propia herramienta de evaluación se puede habilitar un espacio para que la persona pueda añadir su CV y tenga un espacio de reflexión. Hasta ahora se ha utilizado la entrevista de potencial o desarrollo para hablar de estos temas; ahora se trata de recoger todo lo que la persona esté dispuesta a compartir (expectativas de carrera, movilidad geográfica, nuevos cursos realizados no siempre conocidos por la empresa, *hobbies*, etc.). Se trata de tener un conocimiento global para poder tomar decisiones posteriores que afecten al desarrollo del colaborador.

Los beneficios de este *feedback* continuo son los siguientes:

- Las conversaciones periódicas clarifican las expectativas que tiene el mánager sobre cada uno de los miembros del equipo, guiando a sus equi-

pos, con la frecuencia que consideren necesaria, en tiempo real.
- El mánager actúa como *coach*, impulsando capacidades y orientando oportunidades de carrera a cada colaborador a través de planes de acción «ad-hoc».
- Posibilidad de identificar fortalezas clave en la compañía (mapa de conocimiento).
- Maximización del rendimiento individual y foco en el rendimiento de negocio global.

3. Revisiones del desempeño, llamado también *«Performance Status o Performance review»*. A mitad de año se realiza un cuestionario en el que se ofrece una visión más global del desempeño y potencial de cada persona. Se trata de un cuestionario de cinco preguntas valoradas de 1 a 5, siendo el 5 la puntuación máxima:
   - ¿Querría tener a esa persona siempre en mi equipo?
   - ¿Me gustaría distinguirla y darle el mayor incremento de salario y bono que sea posible?
   - ¿Considero que su rendimiento es bajo?
   - ¿Elegiría a esta persona para representar a mi área en un proyecto multifuncional?
   - ¿Considero que tiene alto potencial?

Los resultados de este cuestionario ayudan a identificar a los colaboradores en cuanto a su evaluación del desempeño y potencial, y ofrecen datos objetivos de progresión de talento. Además del *feedback* continuo, hay que dejar constatada toda la evolución del colaborador durante el año. Mediante estas cinco preguntas identificas lo siguiente:

- Quién destaca en el equipo y deseas mantener. Puede ser por sus resultados, porque crea buen ambiente, por su nivel de compromiso. No hay una respuesta única pero la conclusión es que debe quedarse en el equipo.
- Quién debe ser compensado por encima de otros, bien por sus resultados o por una falta de equidad que hay que corregir. Igual que en el caso anterior, hay varios motivos que pueden hacer dar una respuesta alta, pero siempre con la conclusión sobre la compensación.
- Quién puede contribuir en otros equipos por su nivel de *expertise* o por su aportación de valor. Es un reconocimiento a este colaborador.
- Quién puede asumir funciones de mayor responsabilidad, o está preparado para dar un salto de nivel o para un nuevo reto organizativo.

4. Decisiones de promoción, retributivas o de desarrollo. Después de todo el proceso, con los datos de la evaluación continua hay suficiente información para poder tomar decisiones que afecten a la carrera profesional, al desarrollo de los colaboradores. Se trata de hacer una gestión integral de Recursos Humanos donde, en base a los datos aportados, la persona pueda crecer, desarrollarse o tomar otros rumbos de carrera si es necesario.

   Este sería el último paso a realizar, basar las decisiones de promoción y compensación en todo lo que la evaluación continua ha ofrecido a lo largo del año.

Este modelo explicado tiene mucha similitud con el modelo de Josh Bersin que se aplicó en Deloitte y se basa en objetivos, *feedback, performance review* y decisiones de compensación, desarrollo y futuros nuevos retos.

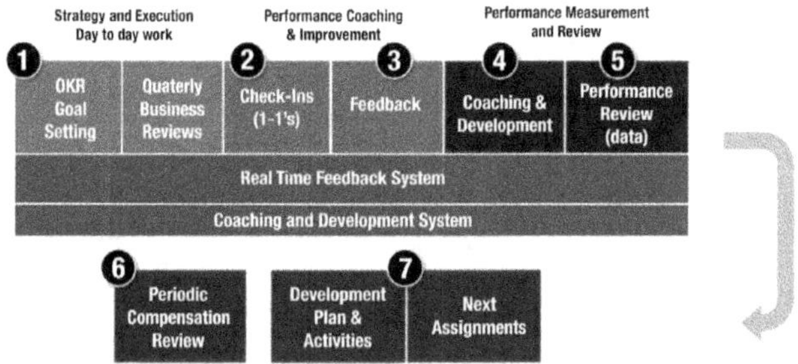

Figura 13. *Rethinking Performance Management in Digital Organization.* Josh Bersin. Fuente: Slideshare.net.

Por último, para poder implantar sistemas de evaluación continua, hay que tener en cuenta varias premisas como las siguientes:

1. La evaluación no se debe convertir en un proceso complejo y amenazador. Hay que crear una cultura del *feedback* abierto y continuo. La evaluación debe ser sencilla, basada en registros de lo observado y de datos los más objetivos posibles. Como ejemplo están todos los sistemas de evaluación a través de aplicaciones que de forma instantánea valoran las acciones o los comportamientos de los colegas, jefes, clientes, etc.

2. Necesidad de tener *coaches.* Hay que pensar como un *coach* del deporte, dar *feedback* en tiempo real, fijándose metas y evaluando resultados. Este tipo de cultura mejora la motivación de los empleados, que ven cómo pueden progresar hacia un fin común de la empresa.

3. Hay que proporcionar *feedback* lo más frecuente posible, convertirlo en un hábito y una nueva forma de trabajar. No esperar a que surja el problema sino comunicar lo que no está dentro de lo esperado y no ejecuta el plan de acción.

4. Hay que implantar un plan de comunicación y formación acorde a las necesidades reales de cada empresa. Para poder implantar un nuevo sistema hay que utilizar herramientas de comunicación como *intranet*, boletines, reuniones *ad hoc* y formación de mánagers y colaboradores. Es un proceso complejo que requiere un cambio de paradigma, con lo que conlleva de atención a la comunicación y seguimiento constante.

Con este sistema de evaluación continua se está trabajando en un cambio cultural y de manera de orientar el desarrollo de la persona. Como todo cambio de este tipo, se debe basar en un estricto proceso de comunicación donde se ofrezcan no solo herramientas digitales, sino formación a todos los involucrados. Este proceso no se realiza en un corto periodo de tiempo y hay que hacer un seguimiento constante y continuo de las mejoras que el sistema ha aportado. Cambiar de un sistema tradicional a un sistema abierto de *feedback* continuo no se puede hacer de forma radical porque la cultura del desempeño tiene que estar presente. Si no lo está y se deja total libertad a los mánagers para que realicen la evaluación sin control ni seguimiento, lo que ocurrirá es que la evaluación morirá y nadie contará con ningún sistema. Esto implicará que los colaboradores no tendrán objetivos definidos, ni metas claras, y conllevará una falta de compromiso con la organización. Para implantar estos sistemas se debe ir paso a paso partiendo de que debe existir un apoyo desde arriba y no solo de Recursos Humanos. Son los CEOs los que deben entender y aplicar los cambios, y trasladar la importancia de esta nueva herramienta de gestión. Además, los resultados de éxito del nuevo sistema deben ser expuestos a la organización a través de informes y comunicados, en los que los colaboradores participen y se hagan partícipes del cambio.

CLAVES PARA EL ÉXITO DE LA EVALUACIÓN CONTINUA

Existen aspectos clave para un exitoso modelo de gestión del desempeño basado en la evaluación continua. Aunque depende del modelo que se instaure en cada empresa y del grado de desarrollo de la gestión del desempeño en la misma, cabe destacar los seis siguientes:

1. Pasar de objetivos estándares a objetivos adaptables. Google y General Electric identificaron que establecer objetivos a principios de año y evaluarlos al final no resulta beneficioso en un ambiente tan cambiante como el actual. Como consecuencia, ambas compañías instauraron modelos que permiten revisar y ajustar metas en varias oportunidades durante el año. El mundo de los negocios es tan cambiante que pueden surgir nuevos proyectos, negocios durante el año que hagan tener que introducir, cambiar o anular los objetivos iniciales. Hace años las herramientas de fijación de objetivos para el SED se cerraban durante el año, de forma que nadie pudiese alterar la carga inicial; sin embargo, con mercados y economías tan cambiantes como las actuales, este inmovilismo resulta totalmente obsoleto.

2. Pasar de revisiones a final de año a *check in:* En General Electric (donde ya se ha expuesto que han eliminado la propia evaluación anual), los líderes generan una conexión más cercana con sus colaboradores conversando regularmente con sus equipos para asegurarse de que las contribuciones sean abordadas en el momento. El modelo *check in* (utilizado por la empresa Lilly, evalúa competencias de manera informal mediante reuniones mensuales entre empleado y supervisor) busca acuerdos sobre cómo superar los obstáculos y cómo puede un empleado desarrollarse, y se evalúan competencias de manera informal. Es un cambio de modelo que tiene que estar sustentado por herramientas digitales que registren todas las conversaciones, contactos establecidos y *feedback* recibido. La retroalimentación tiene que quedar archivada y a esta información tienen que tener acceso todos los actores en el proceso.

3. Pasar del enfoque en las debilidades al enfoque en las fortalezas. Se trata de crear una mentalidad basada en el desarrollo. Hay que maximizar aquello que la compañía hace bien y crear una cultura de *feedback* positivo que refuerce las fortalezas del equipo. Y todo ello para poder después promocionar, identificar potenciales o establecer necesidades de crecimiento dentro de la organización. Nuevas formas de trabajar requieren nuevas formas de evaluar. Hay una necesidad de saber cuál es el retorno a la inversión de cualquier empleado y por ello hay que entender cuál es la experiencia del empleado y saber qué mejora si los líderes son capaces de incrementar sus habilidades.

4. Mirar hacia el futuro y no hacia el pasado. Algunos autores y profesionales defienden que se debe instaurar un modelo que fomente el entorno colaborativo. Se trata de una alternativa a la que se llega cuando se han superado los modelos tradicionales de SED, y que se basa en pasar de una evaluación de comportamientos pasados a una evaluación en tiempo real. El empleado puede ser evaluado en cualquier momento por parte de cualquier persona (colegas, clientes, mánagers, *sponsors*, etc.). Los compañeros pueden puntuarse entre sí o hacer comentarios. Se convierte en un proceso dinámico que se retroalimenta constantemente. El desempeño es una actividad constante que requiere de una interacción diaria.

Según lo que se ha ido explicando anteriormente, se obtienen las siguientes conclusiones:

En un contexto en el que todo está cambiando, los hábitos sociales y las formas de comunicación y trabajo, los nuevos valores de inmediatez y personalización, y la búsqueda de una mayor cercanía por parte del colaborador, los departamentos de RR.HH. deben hacer un cambio muy importante en la manera de enfocar los sistemas de evaluación del desempeño.

Los empleados no quieren ser evaluados una vez al año en objetivos; quieren *feedback,* y lo quieren ahora. La gestión del rendimiento tiene que atender a procesos dinámicos con revisión continua de los objetivos, ligados a la compensación de una forma distinta permitiendo objetivos retadores. Estos sistemas posibilitan el centrarse en el futuro y no permanecer anclados en el pasado. Son procesos ágiles y sencillos que permiten reducir la burocracia e introducir nuevas tecnologías. Las compañías más prestigiosas del mercado ya están usando desde hace años este tipo de modelos y sus experiencias nos sirven como base de la necesidad de este cambio.

Lo que está claro es que todo esto es un cambio de mentalidad, un cambio en la manera de hacer las cosas y en los comportamientos y roles. Los mandos dejan de ser evaluadores para convertirse en *coaches* de sus equipos; guían para obtener el logro del equipo, mejorando el *performance* a medida que se desarrolla la persona y realizando un seguimiento de la misma a través de la valoración de sus fortalezas. Por su parte, el colaborador toma un papel mucho más protagonista participando en la proposición de los objetivos y siendo el responsable último de su desarrollo. Su rol es mucho más proactivo, solicitando *feedback* continuo a sus mandos (funcionales o jerárquicos).

Pero para llevar a cabo este cambio hacia una cultura de evaluación continua, en la que un SED continuo sería parte de la misma, resulta imprescindible adaptar las políticas de gestión de personas a la situación actual de la compañía en su entorno. Para poder hablar de una cultura de evaluación continua, una organización tiene que haber dado los siguientes pasos:

1. Haber abandonado cualquier sistema de clasificación y campana de Gauss.
2. Haber abandonado las revisiones anuales y estar realizando otras más frecuentes, como mínimo trimestrales.
3. Haber separado la evaluación de desempaño de su revisión salarial de forma directa.
4. Haber realizado este cambio con una tecnología que lo soporte.
5. Basarse en evaluaciones de equipo, más que en individuales.
6. Basarse en objetivos de desarrollo flexibles, orientados al futuro más que al pasado, y revisables en el tiempo.

Pero, además, en las estructuras organizativas se incorporan nuevos actores (mánager funcional, mánager jerárquico, líder de proyecto, mentor, etc.) que pueden aportar su valor en todo el proceso. También están los propios clientes y otros *stakeholders* en el proceso de evaluación que ayudarán a tener una visión 360º del desempeño. La evaluación ya no será una aportación individual sino global, y por tanto son muchos los *inputs* que se deben considerar.

Y, tras este cambio, el modelo estará vivo: con seguridad las nuevas tecnologías harán que su evolución sea constante, incorporando nuevos datos de la persona y de su entorno que ayuden a su desarrollo y crecimiento dentro de las organizaciones. Vivir entornos colaborativos donde los trabajos estén todos conectados y el *feedback* constante sea parte de la dinámica del trabajo y no genere ninguna resistencia. Este es el futuro y hacia él vamos si queremos progresar y adaptarnos a nuestro nuevo entorno y a las nuevas generaciones, que son las que nos están moviendo a actuar de forma diferente y retadora.

Por último se exponen algunas ideas en relación con las claves de éxito de un sistema de evaluación en el contexto actual y las tendencias que probablemente se impongan.

Las nuevas tendencias de evaluación del desempeño se están adaptando a los valores de la era digital: simplicidad, agilidad, transparencia y *feedback* continuo y flexible.

El proceso no es ajeno a los cambios sociales originados por el relevo generacional de la fuerza laboral, la necesidad de incorporar la innovación a los procesos productivos y la demanda social de contribución al bien común.

El incremento de la competitividad impone fomentar entornos colaborativos y de confianza que favorezcan conversaciones de desarrollo seguras que permitan el aprendizaje y fomenten la creatividad. La evaluación se enfoca al crecimiento individual midiendo tanto el progreso personal como los objetivos establecidos. Pero se trata de evitar la percepción de que un error tendrá consecuencias profesionales o económicas, porque limita la iniciativa o aportación de nuevas ideas.

Se incorporan los principios de las metodologías de mejora continua (como Agile, Lean, Seis Sigma, etc.), realizando evaluaciones continuas para corregir desviaciones o detectar oportunidades con rapidez en aras de acortar tiempos para la consecución de los objetivos fijados. Las técnicas de *coaching* y *mentoring* resultan mecanismos eficaces de evaluación que generan entornos seguros de aprendizaje y desarrollo.

La evaluación basada en calificaciones numéricas y comparaciones entre colaboradores está dando paso a sistemas de evaluación 360º que ofrecen la información directa del superior, de sus colegas, de las áreas a las que presta servicio y del propio evaluado, haciendo el resultado más preciso y enriquecedor.

La tendencia es a la personalización para mejorar la experiencia del evaluado y lograr una gestión integrada de la gestión de personas en relación a:

- La formación, el desarrollo y la identificación de capacidades.
- El fortalecimiento del compromiso para propiciar una cultura participativa de innovación y detección de nuevas oportunidades.
- El reconocimiento de la contribución individual al objetivo general.

9. ¿POR QUÉ FRACASAN LOS SED?

A pesar de que las organizaciones llevan ciento ochenta años aplicando y desarrollando métodos de evaluación del desempeño, a pesar de tener una sociedad postindustrial dispuesta a entender que es necesario medir el aporte individual, a pesar de que las empresas quieren evaluar el desempeño de sus empleados para mejorar su eficiencia y eficacia, son muchas las referencias de que los métodos de evaluación del desempeño han fracasado. Incluso hay empresas y diversos autores que se cuestionan si el proceso formal de la evaluación del desempeño es necesario tal y como se concibe en la actualidad (Austin & Villanova, 1992; Chiang & Birtch, 2010; DeNisi & Murphy, 2017; Hui & Qin-xuan, 2009; Iqbal et als., 2015; Kline & Lorne, 2009; Latham, Almost, Mann & Moore, 2005; Mathis & Jackson, 2010; Meyer, Kay, French, 1965; Snell & Bohlander, 2013; Taylor, Renard, Harrison & Carroll, 1995).

En este apartado se van a exponer los motivos generales que se han esgrimido para explicar este fracaso, los fallos culturales que se han cometido, los errores que se pueden producir en la aplicación y por último los principios rectores que debieran respetarse para tener éxito en la puesta en marcha de un SED.

MOTIVOS GENERALES DEL FRACASO DE LOS SED

Las razones que podríamos denominar «generales» que se han señalado como origen del fracaso de los sistemas de evaluación del desempeño han sido múltiples. De entre ellas cabe destacar las siguientes:

La elección del método de evaluación sin tener en cuenta el contexto organizacional, sin haberlo estudiado y sin haberlo adecuado a dicho contexto ha llevado a múltiples fracasos en la aplicación de los SED. Sirvan como ejemplo las investigaciones de Atwater, Brett y Cherise (2007), quienes concluyen que no es adecuado establecer un método de evaluación del desempeño multifuente en una empresa que está en proceso de restructuración o redimensionamiento.

Haber intentado implementar sistemas de evaluación del desempeño tan complejos que resulten incomprensibles para los mánagers que deben gestionarlos ha sido otro de los motivos de fracaso de los SED, tal y como señalan Kline & Sulsky (2009).

Adler, Campion, Colquitt, Grubb, Murphy, Ollander-Krane & Pulakos (2016) exponen que un error que explica el fracaso de los SED es el desarrollo de criterios de evaluación que no representen el verdadero aporte del empleado a la empresa.

Los errores involuntarios, generados en la propia evaluación por parte de los evaluadores, que afectan a su falta de objetividad, como el efecto halo, la tendencia central, la restricción, la severidad, la indulgencia... han supuesto, según DeNisi & Murphy (2017), un lastre que ha desprestigiado a los SED como herramienta de gestión de personas en las organizaciones. Por su parte Hui y Qin-xuan (2009) señalan que también se producen errores no involuntarios por parte de los evaluadores, como podrían ser comportamientos políticos en la evaluación, como por ejemplo forzar la evaluación para proteger a empleados en una situación de conflicto.

También se ha señalado que los propios evaluandos pueden influir en la evaluación, ya sea conscientemente para mostrar de manera intencionada al evaluador los comportamientos valorados por el sistema de evaluación (Iqbal et als., 2015), o inconscientemente, al dejarse influir por su grupo demográfico de pertenencia como sexo, raza o edad (DeNisi, & Murphy 2017).

El conflicto de propósitos ha sido otra de las causas que han afectado al éxito de los SED. Este se puede generar en la evaluación cuando se mezclan consecuencias sobre los salarios, necesidades formativas, validación de pruebas de acceso o sobre los propósitos legales que se puedan perseguir (Adler et als., 2016).

Señala Murphy (2019) que la realización deficiente o mal comunicada del *feedback* a los empleados tras la evaluación es uno de los motivos que explican el fracaso de los SED en muchas organizaciones.

Pero, de entre todas las razones generales que explican el fracaso en la aplicación de los métodos de evaluación del desempeño, el error más significativo ha sido mezclar planteamientos basados en la recompensa con otros basados en el desarrollo profesional. En el apartado de Recompensa vs. Desarrollo profesional de este libro se hace una detallada explicación del origen y las consecuencias de este error[18].

---

18   El error de mezclar estos dos tipos de planteamientos, incompatibles, ha sido históricamente señalado por varios autores: Adler et als, (2016); Bayo-Moriones, Galdon-Sanchez, Martinez-de-Moretin (2019); Beer (1981); Cleveland, Murphy & Williams (1989); Iqbal et als (2015); Mathis & Jackson (2010); Meyer, Kay, and French (1965); Murphy & Cleveland (1995), Zimmerman, Mount & Goff (2008); Schleicher, Baumann, Sullivan, Levy, Hargrove & Barros-Rivera (2018); Stephan & Dorfman (1989).

MOTIVOS CULTURALES DEL FRACASO DE LOS SED

La falta de coherencia en la cultura, o lo que podemos denominar los fallos culturales de la organización, han tenido un gran impacto en el fracaso de los sistemas de gestión del desempeño. Una organización debe tener en cuenta su cultura para elegir el SED que permita una comprensión y aceptación del mismo, a la vez que resulta eficiente en su aplicación. Esta necesidad de concordancia la explican en su artículo Bracken, Rose & Church (2016), quienes exponen que por ejemplo no es adecuado implantar un sistema de evaluación del desempeño 360° en una empresa altamente jerarquizada como podría ser el Ejército.

Se pueden establecer tres motivos culturales del fracaso de los SED: la indefinición de valores, la responsabilidad limitada y el liderazgo cambiante.

- Indefinición de valores. Es importante que los valores de la empresa estén bien definidos, compartidos y aceptados por toda la organización. A veces las estrategias empresariales se llenan de palabras bienintencionadas que se agrupan en los «valores» de las organizaciones. Pero en la mayoría de los casos se quedan ahí, en lo macro, y no se llega a todos y cada uno de los miembros de la empresa. La mejor manera de hacer llegar los valores de la organización es que tengan impacto en el desempeño de cada miembro, algo que por ahora no se ha conseguido.

- Responsabilidad limitada. Al definir los objetivos de la organización suele haber una gestión errónea al trasladarlos a los individuos. Pero hay algo que afecta aún mucho más a la hora del fracaso de un sistema de gestión del desempeño y es que no se asume por parte de todos la responsabilidad cuando los objetivos no se consiguen. La responsabilidad del fallo debe ser compartida.

- Liderazgo cambiante. Las organizaciones de hoy en día suelen tener una presión desmedida por los resultados financieros y sus líderes son los primeros que ponen foco en ellos. Esto se traslada a todos los niveles de la empresa. En caso de cambio del liderazgo, la organización a veces no está preparada, por su falta de agilidad y flexibilidad, para que los nuevos objetivos, aunque solo sean financieros, se adapten a la velocidad necesaria.

ERRORES EN LA APLICACIÓN DE LOS SED

En las empresas, tanto por parte de los responsables de Recursos Humanos que tienen que implantar los sistemas de evaluación en el desempeño como por los evaluados, así como por la alta dirección, se perciben algunos elementos que impiden el éxito de los sistemas de evaluación, errores que se producen en el proceso de ejecución. Entre otros, cabe destacar los siguientes:

- Falta de apoyo de la Dirección al sistema.
- Ausencia de motivación de los responsables jerárquicos, que con frecuencia, expresan su rechazo al SED por considerar que «les roba» demasiado tiempo, además de ser una fuente de tensiones y conflicto con los evaluados.
- Falta de acuerdo previo entre evaluador y evaluado en cuanto a los aspectos que se van a apreciar. No es infrecuente que los empleados se opongan al SED al considerar que puede suponer una crítica negativa hacia su trabajo y la forma en que lo realizan. Otras veces consideran que sus jefes no son objetivos ni están capacitados para la evaluación, lo que resulta desmotivador.

- Expectativas no realistas acerca de medidas absolutamente objetivas o cuantificables, o criterios de medida que no contemplen resultados cualitativos.
- Mala utilización de los resultados de la evaluación a efectos de retribución, formación, promoción y otras decisiones en el ámbito del desarrollo de RR.HH.
- Problemas técnicos y de comunicación inherentes al sistema debidos a una deficiente campaña de comunicación sobre el SED que informe con claridad sobre el alcance, los objetivos y los beneficios que conlleva un sistema de evaluación.

PRINCIPIOS A RESPETAR EN LA PUESTA EN MARCHA DE LOS SED

Una vez vistos los errores más comunes que han limitado a los sistemas de evaluación del desempeño, se exponen a continuación una serie de principios rectores que facilitarán su éxito.

Se deben establecer sistemas de evaluación del desempeño que estén alineados con los objetivos de las organizaciones. Si no hay correlación entre unos y otros no habrá implicación para conseguir que los objetivos individuales tengan impacto en los de la organización.

Se debe reforzar el rigor de los sistemas de evaluación del desempeño centrándolos en aquellos aspectos positivos de evaluación de los profesionales, abriendo caminos que permitan su crecimiento personal o aportación de valor. Aquellos sistemas de gestión del desempeño que se centran en aspectos negativos de la evolución de los profesionales y no en su crecimiento profesional o contribución provocan que el sistema pierda rigor y fuerza como herramienta de impulso de los objetivos empresariales.

Un buen sistema de evaluación y gestión del desempeño debe ser flexible y rápido para dar respuesta a las necesidades de la empresa y a las expectativas de los profesionales. Si es inflexible no se adapta a la incertidumbre y no cuenta con la agilidad que requieren las nuevas formas de trabajar está llamado al fracaso.

A modo de recordatorio, cabe señalar estos principios a respetar:

- El SED debe tener apoyo decidido y declarado de la Dirección de la empresa.
- Debe ser sencillo en su aplicación.
- La burocracia debe ser mínima, dado que lo importante es la comunicación y no los papeles.
- El SED debe ser uno de los procesos estratégicos de una organización. La Dirección de personas debe dar empuje y ofrecerle todo su apoyo técnico.
- Son necesarias acciones de formación e información previa para los participantes en el sistema.
- Es necesario entrenamiento en la aplicación del sistema y dedicación en tiempo.
- Se deben fijar los objetivos de retorno del sistema y también los indicadores de medida.
- Se necesita una continua revisión del sistema para adaptarlo a las circunstancias de la empresa en cada momento.

Puede concluirse que, a pesar de los beneficios que aportan los sistemas de evaluación del desempeño, es un proceso complejo que conlleva riesgos y dificultades. Como se ha mencionado, la dimensión y composición de la plantilla, el coste económico de implementación, el diseño del sistema y la formación de los evaluadores son cuestiones críticas que deben afrontarse con carácter previo para evitar que se perciba como una evaluación subjetiva, desequilibrada o parcial para los usuarios, haciéndole perder su eficacia. Lo mismo ocurre si la organización no es capaz de llevar a cabo planes de acción coherentes con los resultados obtenidos cuando el proceso ha finalizado.

La práctica ha demostrado que la credibilidad y el cultivo de una cultura que permita los beneficios descritos en los apartados anteriores requiere el transcurso de varios ejercicios, tanto si es la primera vez que se introduce como si lo que se pretende es la modificación del sistema.

La evaluación, formal o informal, es inevitable en cualquier sociedad y comunidad de personas, provocando temores que solo desaparecen cuando se adquiere confianza y seguridad en el entorno, que permita visualizar positivamente el resultado por parte de quienes participan en él. Las acciones formativas y de comunicación sobre el sistema de evaluación requieren de un esfuerzo continuo de transmisión de los principios básicos que fundamentan las actuaciones pero que, sin embargo, con el tiempo pierden intensidad. La credibilidad, y en definitiva su validez, depende en buena medida de cultivar una cultura que fortalezca los pilares en la que se sustenta. Estas acciones formativas deben perseverar transmitiendo la necesidad de transparencia a las personas que intervienen en el proceso evaluador, la equidad mediante la promoción del ascenso por méritos, el desarrollo de capacidades, e incluso ser un facilitador de movilidad interna. A su vez, la legitimidad se obtiene por la visualización de los resultados avalados de sus intervinientes (evaluados, evaluadores y gestores), que reconocen que se trata de un valioso canal de comunicación (si se garantiza la confidencialidad de la información) y una palanca para el establecimiento de acciones concretas de desarrollo personal y la identificación de oportunidades para el progreso o la innovación empresarial.

Son aspectos en los que sin duda merece la pena insistir para evitar el riesgo de que el proceso se desarrolle a efectos exclusivamente formales y se frustre la finalidad de mejora continua, la cohesión de equipos y, en última instancia, una adecuada comprensión de los objetivos, el propósito y la cultura de la compañía.

10. EL SED VISTO COMO UN PROCESO DE RR.HH. IMPUESTO A LA COMPAÑÍA

En las últimas décadas se ha puesto de manifiesto que las sociedades avanzadas encuentran su ventaja competitiva en el conocimiento, la creatividad y la innovación que sean capaces de desarrollar, de tal forma que el éxito de las organizaciones depende tanto de la eficacia y eficiencia de recursos como de la dirección de personas. Como ocurre con cualquier otro factor que interviene en la actividad productiva, la medición de su rendimiento es una actividad inherente a la función de dirección.

La evaluación del desempeño se configura como una herramienta verdaderamente útil para alcanzar resultados, al ser un magnífico vehículo de transmisión de los objetivos de la compañía y un poderoso instrumento para el fortalecimiento de la cultura.

A pesar de haber consenso general acerca de que la evaluación del desempeño es una herramienta útil, en ocasiones se ha visto como un proceso que pertenece al departamento de RR.HH., que lo impone a la compañía. Este planteamiento es un error, dado que se trata de un proceso de toda la compañía, aunque lo gestione el departamento de RR.HH., y se debe hacer un esfuerzo de comunicación para que sea aceptado e integrado por toda la organización.

La falta de enfoque que a menudo se observa a la hora de ejecutar la estrategia es originada por las distracciones de las ocupaciones ordinarias, que diluye los esfuerzos y, con más frecuencia de la deseada, hace más difícil alcanzar el éxito. Para evitar las distracciones que la actividad del día a día impone con urgencia y desorden, no hay nada mejor que el establecimiento de indicadores predictivos que obligan a poner la atención en acciones y comportamientos dirigidos a la propia superación.

El camino hacia el futuro, que se ha elegido en la visión y propósito, se recorre con los individuos que forman parte de la organización. La psicología industrial ha demostrado que el nivel más alto de desempeño proviene de personas emocionalmente conectadas que saben en cada momento la evolución de su proyecto. El ser humano desarrolla su mejor versión si tiene un motivo que da sentido a lo que hace y es consciente de que puede ganar, lograr con éxito lo encomendado. El verdadero compromiso se genera cuando el individuo se identifica con la visión, el propósito y los valores de la organización para la cual trabaja. No solo es significativo el resultado, sino que es trascendente el cómo se alcanza.

Desde el punto de vista empresarial, la sostenibilidad de la actividad se sustenta en una cultura de equipos complementarios que respete la importancia del rol de cada persona. La gente quiere hacer una contribución que sirva para algo. Las teorías clásicas del *management* identificaron hace tiempo que cuando se consigue transcender al interés individual, las capacidades y los intereses particulares benefician al conjunto, y por tanto son útiles a la organización. Este principio básico se ha convertido en un factor que acelera la innovación y retiene el talento. El proceso evaluador adquiere la importancia de proceso íntimamente ligado a la competitividad, la sostenibilidad y la mejora continua, con la búsqueda de una convivencia pacífica y flexible de intereses individuales y comunes a través del perfeccionamiento del individuo y del equipo de trabajo a medio y largo plazo. El proceso evaluador adquiere la importancia de un proceso íntimamente ligado con la competitividad y la mejora continua, la búsqueda de la convivencia pacífica y flexible de intereses individuales y comunes a través del perfeccionamiento del individuo y del equipo de trabajo a medio y largo plazo.

El SED es una de las bases que permiten una organización mejorar su competitividad, asegurar la sostenibilidad y provocar crecimiento gracias a la mejora continua. Es un proceso complejo, con detalles que marcarán su aceptación y éxito, o su rechazo y fracaso. Por esta razón es un proceso que, aunque lo gestione el departamento de RR.HH., debe ser entendido como una herramienta estratégica del *management* global de una organización. Para ello será imprescindible un plan de comunicación que permita que sea aceptado como necesario para la gestión de las personas en las organizaciones.

EL COMPROMISO DEL CEO, UNA CUESTIÓN DE LIDERAZGO

A la hora de diseñar la estrategia, el CEO necesita pulsar el contexto de la organización que dirige, dónde está hoy, adónde se dirige y cuáles son las distancias que debe recorrer entre el punto de partida y la meta. Antes de iniciar cualquier movimiento, en sus prioridades se encuentra el conocer de primera mano la realidad de los medios que tiene para llevar a cabo su proyecto, contar con los mejores y que estos se sientan motivados para acompañarlo. En palabras de Andrea Jung (2018), CEO de Avon Products Inc.[19], «El talento es la prioridad número uno para un CEO. Puedes pensar que se trata de tener una visión y una estrategia, pero antes debes tener a la gente correcta».

---

19 https://forbes.es/emprendedores/38138/las-20-frases-mejores-frases-los-ceo-mas-conocidos/.

Es habitual que el CEO plantee a la dirección de RR.HH. la inquietud de encontrar el sistema adecuado que le permita verificar lo que a veces es una mera intuición acerca de sus equipos: quiénes tienen un desempeño superior o con mayor potencial y qué los motiva. Además solicita que el proceso sea ágil. Su interés es encontrar la forma de fortalecer su adhesión al proyecto de los más sobresalientes para que ofrezcan lo mejor de sí mismos. La información que el sistema de evaluación proporciona provoca poner en marcha iniciativas dirigidas a identificar a las personas que más contribuyen al éxito de la organización y facilita la comprensión de por qué los profesionales toman la decisión de abandonar o permanecer en la compañía. A su vez, la preocupación es intentar medir los intangibles. Es decir, encontrar la forma adecuada de conectar los objetivos del negocio con la gestión de personas mediante indicadores que permitan reflejar su contribución en el balance.

El informe de KPMG *CEO Outlook 2020: COVID-19* (Jul-*Aug* 2020), resultado de entrevistar a más de 1300 directivos en los mercados clave, identificó que las prioridades de los líderes internacionales en la gestión de las personas son contratar al talento idóneo, identificar las competencias clave y reciclar a los equipos existentes para desarrollar nuevos talentos. La opinión mayoritaria manifestó la necesidad de «contar con objetivos con los que puedan identificarse los empleados, ofrecer las competencias y oportunidades necesarias para formarse y crecer, y desarrollar una cultura inclusiva son aspectos esenciales para atraer y conservar al mejor talento, lo que a su vez contribuye a impulsar iniciativas de innovación que hacen progresar a la empresa». Un año después, la misma encuesta *CEO Outlook Pulse 2021* (febrero-marzo 2021) refleja una mayor conciencia sobre el estrés de la fuerza laboral (con acciones focalizadas en el bienestar y la salud psicosocial) y los problemas sociales durante la pandemia (con acciones dirigidas a la flexibilidad en el lugar de trabajo).

El escenario dibujado por las tradicionales teorías de gestión del siglo pasado se ha hecho realidad con la disrupción digital. Una cuenta de resultados saneada ya no predice la supervivencia en el mercado, sino que lo que la predice es la capacidad de transformar ideas o proyectos novedosos en productos o servicios reales que se introduzcan de forma efectiva en el mercado. La pregunta recurrente para cualquier CEO es ¿cómo se puede seguir aportando valor al mercado? ¿qué demandan mis clientes? Surge entonces la necesidad de identificar dónde está el talento interno que sugiere ideas o sabe dónde se encuentra la oportunidad para vincularlas al negocio. Paradójicamente, cuanto más individualista es la sociedad, más se demanda la cohesión mediante el compromiso y la flexibilidad como palancas para fortalecer la permanencia y la motivación del talento en las organizaciones.

La revolución tecnológica es en definitiva una revolución de las ciencias del trabajo. En la reflexión de lograr una ventaja competitiva se ha superado la visión de los mercados emergentes de que es suficiente la mera incorporación de tecnologías que mejoren la eficiencia de la producción. El desafío real es incorporar procesos de innovación colectiva en la actividad del día a día con independencia del sector productivo. Surgen otras preguntas que el CEO se realiza en la gestión de personas: ¿cómo se puede identificar el talento? ¿Hay alguna manera de desarrollar la inteligencia colectiva de forma continuada? ¿Es posible crear un entorno positivo de experimentación para involucrar a los mejores profesionales sin que tengan temor al fracaso profesional? No existen soluciones sencillas. Hace falta fortalecer canales de comunicación adecuados y desarrollar empatía suficiente para crear un ambiente seguro de colaboración. La evaluación del desempeño aporta una doble dimensión de medición y retroalimentación para evaluado y evaluador. La conciencia de la realidad de la organización es lo que permite a los CEOs señalar el camino a seguir y al evaluado sentir que su contribución laboral importa.

No es fácil sin embargo mantener la motivación, al ser limitadas las expectativas de promoción en las organizaciones, realidad que restringe el crecimiento y, en definitiva, la innovación de las organizaciones. Lo cierto es que tampoco las recompensas económicas o las promociones profesionales tienen una eficacia ilimitada. Autores como José María Polo (2005) reivindican el desarrollo de la retribución emocional construyendo relaciones honestas en un sano equilibrio entre objetivos empresariales e individuales, aunque exija un esfuerzo personal por parte del mando y del directivo que tiende a la transferencia de responsabilidad a la organización como ente abstracto. José Aguilar (2016) define nuevas competencias para un liderazgo del crecimiento ante la urgencia de «directivos que no solo sepan organizar el trabajo, sino que además sean capaces de movilizar a las personas que deban realizarlo». Los directivos de este tiempo, además de ser eficientes en el trabajo deben ser capaces de comprometer e inspirar a las personas y esforzarse en identificar y desarrollar su potencial. Para lograrlo, el CEO ha de esforzarse de modo permanente en transmitir los objetivos y prioridades de la empresa, indicando cuáles serán los beneficios que reportarán a todos y apoyar los sistemas de medición y retroalimentación. Una vez más, la clave es diseñar herramientas que midan las competencias directivas de forma efectiva.

El proceso de evaluación del desempeño se convierte en una oportunidad para generar relaciones basadas en la confianza que impulsen la contribución voluntaria de las personas más allá de lo habitual, en un proceso de innovación y creatividad continuas. El CEO y el equipo directivo han de conseguir conexión suficiente con la emoción de las personas que integran sus equipos para desarrollar capacidades. Esta nueva perspectiva trasciende la sola medición de la productividad según el grado de consecución de objetivos establecidos.

José María Gasalla (2016), en su obra *La dirección por confianza* (LpC), expone «los Recursos Humanos se gestionan, las personas se lideran. Los Recursos Humanos se pueden optimizar, las personas se pueden comprometer. Desde ellas mismas (...) Y la piedra angular a partir de la cual podemos conseguir esto es la confianza».

El CEO crea, con el resto de la organización, la visión y el propósito que sirven para unir a las personas y encaminarlas en una misma dirección. Goleman, Boyatzis y McKee (2006) señalan en su obra que: «Las visiones auténticamente movilizadoras establecen una red de vínculos interpersonales mucho más profundos que cualquier plan estratégico. Y no hay que olvidar que los resultados no dependen tanto de los planes comerciales como de las personas. A fin de cuentas, el éxito de las organizaciones depende de las cuestiones que preocupan a sus integrantes, de lo que hacen y del modo en que trabajan juntos». Son los líderes emocionalmente inteligentes quienes van más allá de su propia percepción al elaborar la visión de la futura organización (y su propósito) para aglutinar a los individuos que la componen.

Una atención cuidadosa al contexto y las relaciones de las personas que los rodean permite a los directivos captar detalles y generar ideas más precisas de lo que está sucediendo en realidad. Los psicólogos Richard Boyatzis y Ann McKee (2016) identifican cada conversación o intercambio que se produce en las relaciones como una oportunidad para reunir información valiosa de las personas, grupos o culturas. Se perciben patrones en el comportamiento de las personas, en los procesos organizativos y en el entorno social, facilitando la toma de decisiones. Conforme a la metodología de Stephen R. Covey (1997), al liderar hay que dar prioridad a comprender antes que ser comprendido. En lugar de escuchar para responder, hay que escuchar empáticamente hasta ser capaz de explicar el punto de vista del otro como él mismo lo hace.

No desaparece por ello la naturaleza de control y supervisión inherentes a la función de dirección. Decía Peter Drucker que lo que no puedas medir no lo puedes dirigir. Medir es comprobar si se ha cumplido lo que se pretendió realizar y ver las desviaciones que se han producido. Pero el proceso de medir se configura como algo más que encargar y mantener al día proyectos. Medir no se limita a juzgar. Es una guía para la persona evaluada porque pone de manifiesto lo que ha realizado y lo que ha faltado para alcanzar lo que se pretendía realizar. Es analizar, valorar las acciones, la distancia al objetivo fijado o el desarrollo de una política desde la confianza que permite liberar el talento. La innovación demanda la pérdida del temor al error o al fracaso de los evaluados para intentar lograr cierto equilibrio entre resultados esperados y un espacio seguro de ensayo de nuevos proyectos.

Esta función exige tiempo y entrenamiento, aunque los ciclos evaluadores se empiecen a reducir en algunas compañías tecnológicas como Google o Adobe. La dedicación es siempre beneficiosa porque impulsa a conocer cómo se van haciendo las cosas, más allá de premiar o no y pulsar las expectativas o aspiraciones vitales. El riesgo mayor de estos procesos radica en evaluar solo el grado de cumplimiento en porcentajes o índices numéricos sin analizar las acciones o proyectos en toda su dimensión de forma cualitativa. La presión del proceso evaluador genera mejoras y cambios que son solicitados por las propias personas sobre su trabajo. A su vez, el evaluador ha de tener conocimiento suficiente de los problemas de las acciones encomendadas. En el pensamiento de Ken Blanchard (2004), «líder» y «educador» son sinónimos para desarrollar equipos de alto rendimiento. La función más importante que tiene un líder «es ayudar a su equipo a progresar en las etapas de su desarrollo». No basta con medir y delegar, puesto que así se cercenan el compromiso y la iniciativa de las personas. Cobran especial importancia las figuras del *coach* o mentor.

José Manuel Casado y Enrique Rodríguez (2016) realizaron un estudio sobre el liderazgo empresarial español recogiendo la opinión unánime de doce reconocidos directivos que coincidieron en afirmar que «la gestión de personas es un valor diferencial (para la competitividad) porque en ellas comienza el cambio cultural que requiere el mundo digital». La mayoría opinó que las organizaciones deben ser atractivas para un talento cada vez más móvil y disperso geográficamente y deben contar con unos directivos que sepan afrontar al reto. Los autores concluyen que el líder de hoy debe ser un facilitador de las personas y los equipos, y no solo como líder eficaz del equipo, sino también como miembro eficaz del mismo.

En el estudio realizado por Boston Consulting Group (BCG), los autores Jim Hemerling, Deborah Lovich, Ashley Grice y Robert Werner (2020) señalan que la transformación en la nueva era digital requiere un enfoque holístico, centrado en el ser humano. Implica no solo pensar de forma amplia y creativa en el futuro al que aspira la organización y centrarse en las prioridades estratégicas para llegar a él, sino también abordar las crecientes demandas a los empleados, elevando la importancia de las acciones que inspirarán y capacitarán a las personas en todos los niveles de la organización. En un momento de rápidos cambios y disrupciones se exige algo más que la mera aplicación de herramientas para la ejecución de proyectos. El estudio realizado en otoño de 2020 en cuatro países europeos (Francia, España, Reino Unido y Alemania) entre 4.000 profesionales reveló que la consideración, la empatía y la escucha son las cualidades más apreciadas en un buen líder. A diferencia de estudios anteriores, las organizaciones en proceso de transformación se centraban en cualidades estratégicas (69 %), en la consecución de resultados (44 %), y residualmente en las personas (25 %). En la actualidad el 36 % opina que el fortalecimiento de la cohesión de los equipos será el principal reto de los líderes en los próximos años, por delante de cuestiones a largo plazo como la innovación y la tecnología digital. De las 16 características mencionadas en el cuestionario sobre el líder ideal se priorizan la consideración (37 %), la empatía (33 %), la capacidad de escuchar (31 %), la atención al desarrollo de los miembros del equipo (29 %) y la capacidad de cuestionarse a uno mismo.

Ante el reto de la innovación, el estudio de Tommaso Canonici y Antonio Nuñez (2019) refleja que para el CEO de hoy en día es imprescindible un estilo de liderazgo participativo y humilde para reconocer sus limitaciones; que aplane jerarquías y facilite un poder más distribuido donde los aciertos y errores estén de alguna manera más repartidos; se estrechen relaciones con los empleados, de forma que el riesgo sea compartido, y que fomente directivos audaces capaces de tomar decisiones valientes. El liderazgo de ahora no depende tanto de cualidades personales, sino de la capacidad de asociarse e influir positivamente en su entorno, encauzando voluntades en una misma dirección. En definitiva, «el verdadero *boss* es aquel capaz de generar estrategias ganar-ganar para todos los miembros de la organización y co-crear la visión de la compañía por medio de la escucha activa, del debate constructivo y de alcanzar una visión común por consenso».

EL COMPROMISO DEL RESTO DE ÁREAS, CUESTIÓN DE CULTURA

A Alejandro Magno (356-323 a. C.) se le atribuye una cita que parece más actual que nunca a pesar del tiempo transcurrido: «*Recuerda que de la conducta de cada uno depende el destino de todos*». Es una obviedad que la voluntad de trabajar en un proyecto común no le incumbe únicamente al CEO sino a todas las personas que dirige. El éxito empresarial depende del esfuerzo de la suma de los individuos que comparten una misma visión.

Conviene precisar que una organización no es un ente abstracto, sino el conjunto de las personas que la integran. La forma de hacer en las organizaciones se impregna de la inercia, los valores o los prejuicios que se convierten en hábitos de quienes forman parte de ella. Estas prácticas se refuerzan mutuamente y requieren una atención permanente por parte de los ejecutivos. La continua adaptación y gestión del rendimiento a todos los niveles precisa un compromiso para vivir según la cultura que se quiere conseguir.

El acervo cultural refleja el posicionamiento de cada una de las áreas de la organización frente al propósito, los valores y la forma de actuar. Tiene tanto peso que puede impulsar hacia el éxito o el fracaso al mejor plan estratégico. La continua adaptación y gestión del rendimiento a todos los niveles precisa de un compromiso para vivir según la cultura que se quiere conseguir. La organización define la estructura y la manera de actuar mediante procesos, la gerencia indica la dirección y supervisa, y las personas actúan de acuerdo a sus principios y voluntad, lo que influye sobre la propia organización, creando un círculo que puede ser virtuoso. El factor esencial para que este círculo virtuoso funcione es que cada directivo o jefe sea responsable del adecuado desarrollo de su propio equipo y trabaje con las personas en programas de formación para que puedan desempeñar su rol en la organización de forma efectiva. Se consigue un impacto positivo en el negocio cuando la persona trabajadora satisface mejor las demandas del cliente porque percibe que tiene la capacidad para satisfacer su necesidad junto con cierta autonomía de gestión. Stephen R. Covey (1997) describe el proceso como una espiral ascendente de aprendizaje, de dentro a fuera, para lograr transformar la dependencia jerárquica en interdependencia personal. Propone empezar por la persona. Mediante el autoconocimiento se generan hábitos de conducta, de tal forma que la persona se comprometa responsablemente con sus propias capacidades y logre ser consciente de que trabajando juntos se logra más. La interdependencia personal efectiva se produce porque el esfuerzo se focaliza en formar a la persona para desarrollar una independencia responsable y generar compromiso con su actividad profesional.

Los directivos adquieren la responsabilidad de vigilar de forma permanente la motivación de sus equipos. Son responsables de crear una atmósfera saludable de trabajo para fortalecer la identificación de sus colaboradores con el proyecto empresarial.

Cuando la ventaja competitiva es el conocimiento, el factor que marca la diferencia es la contribución de las personas, y se debe asumir que la organización no puede permitirse el lujo de que las personas experimentadas y brillantes pierdan la ilusión de hacerlo. Quien dirige ha de tener presente que las personas valoran las oportunidades, las perspectivas o la estabilidad, además de las herramientas básicas de la remuneración y las prestaciones sociales[20]. En la decisión de permanecer o no en una empresa influye cómo se

---

20 *Harvard Business Essentials* (2003): *Contratar y retener a los mejores empleados*. Ediciones Deusto, 2003.

actúa en ella, si trabajan en un entorno que los apoya y la calidad de sus superiores. El buen jefe a menudo es percibido como un *coach* que orienta a sus colaboradores, los apoya a la hora de encontrar soluciones y permite que contribuyan con ideas, convirtiéndose en un modelo de conducta a seguir.

A pesar de que la práctica y los procedimientos de recursos humanos estén estandarizados, la forma en que los directivos o gestores los aplican en las relaciones con sus colaboradores produce grandes diferencias. La persona que dirige equipos debe tener la habilidad de mantener un flujo permanente de comunicación, de retroalimentación, y ser accesible, no solo al conjunto, sino a los individuos que componen la organización. Para los directivos, cuyo tiempo suele ser escaso al estar ocupados en las dificultades del día a día, esta tarea no resulta fácil.

La optimización del rendimiento implica establecer un modelo que permita a cada persona empleada comprender los objetivos de la empresa mediante directivos que estén formados en las habilidades necesarias para apoyar a los profesionales a su cargo. Sus responsables deben ser capaces de informarlos adecuadamente sobre su rendimiento y otorgarles la confianza necesaria para relacionar su contribución individual con el propósito general mediante prácticas transparentes. Estas competencias en el proceso de evaluación facilitan el establecer objetivos más ambiciosos, identificar formación que favorezca el rendimiento y llevar a cabo planes de desarrollo individual. Es la manera de examinar el talento de forma constante, además de propiciar un entorno que amplía la participación y la detección de oportunidades de mejora.

El enfoque sistémico del proceso eleva la calidad de los directivos o líderes, y con ello de la organización. Integrar la gestión de personas mediante la evaluación del desempeño con la identificación del talento y el desarrollo del liderazgo provoca un refuerzo mutuo y fomenta la valoración de la contribución al éxito del negocio. La búsqueda perseverante de un rendimiento superior impulsa la estrategia de forma dinámica haciendo más estimulante la contribución individual para el bien general.

El reto cultural es consolidar el proceso en la mentalidad interna y preparar a los directores de cada área para que sean conscientes de los beneficios que aporta. La traslación de modelos estructurados a formas de actuar más flexibles que permitan realizar aportaciones en todos los niveles a la vez que se mide el retorno de la inversión conlleva la dificultad de que la organización comprenda realmente cuáles son los objetivos de negocio y por qué se han establecido. Pero es ahí donde reside el valor de la gestión de recursos humanos. La buena noticia es que no hay un único modelo, sino que cada organización debe adaptar a sus necesidades la forma de integrar las políticas para optimizar el rendimiento, la gestión del talento, la identificación de sus capacidades críticas y el desarrollo del liderazgo que pretende alcanzar.

11. NUEVAS SOLUCIONES PRÁCTICAS A VIEJOS SISTEMAS

A lo largo de este apartado haremos un repaso de algunas de las soluciones prácticas actuales frente a los sistemas de evaluación del desempeño tradicionales.

El repaso no pretende ser exhaustivo sino más bien poner de manifiesto nuevas tendencias a la hora de gestionar personas en un ámbito que empieza a ser controvertido. El objetivo es inspirar y dar ideas sobre cómo diseñar un modelo moderno que ayude a dar respuesta a los grandes retos que presenta cualquier entorno empresarial del s. XIX.

No es raro escuchar cómo se cuestiona la necesidad de seguir manteniendo un modelo formal de evaluación del desempeño. Tradicionalmente se ha considerado una herramienta imprescindible en cualquier modelo de gestión de personas robusto y profesional. Sin embargo pocas veces nos hemos preguntado desde la función si el proceso de aplicación en nuestras compañías conseguía los objetivos deseados y contribuía a generar un entorno de aprendizaje continuo. Es probable que hayamos dado por hecho demasiadas cuestiones y no hayamos aplicado suficiente pensamiento crítico y reflexión a una herramienta que, bien gestionada, puede ser fundamental, pero que, mal gestionada, se puede convertir en un arma de doble filo.

Si bien aludiremos a ejemplos concretos de aplicación en compañías actuales, este apartado gravitará en torno a las preguntas principales que nos podemos hacer a la hora de diseñar o valorar cualquier sistema de gestión del desempeño. A saber:

1. Qué evaluar.
2. Quién participa en el proceso; actores y responsabilidades principales.
3. Cuándo evaluar.
4. Cómo documentar la evaluación.
5. Cómo devolver el resultado de la evaluación.
6. Implicaciones de la evaluación del desempeño en procesos de compensación.

QUÉ EVALUAR

Puede parecer una pregunta sencilla, pero tiene más miga de lo que parece. De hecho esta es quizá la parte más estratégica para diseñar una buena herramienta del desempeño.

En el entorno laboral se deben diseñar sistemas que funcionen a modo de GPS. Si pensamos en cualquier sistema de navegación de los que manejamos hoy en día, difícilmente sabremos si hemos llegado y qué ruta elegir si no marcamos el destino. Cuanto más preciso sea el destino que marcamos, más precisa será la ruta y menos tiempo y recursos utilizaremos en alcanzar la meta. Gran parte del porqué muchos sistemas de evaluación del desempeño no tienen éxito es porque no son capaces de definir de manera clara su destino.

Tradicionalmente los sistemas de evaluación del desempeño se centraban en medir exclusivamente el cumplimiento de una serie de objetivos o KPI's (*Key Performance Indicators*), objetivos que podían venir expresados de manera cuantitativa o cualitativa. En el caso de objetivos cuantitativos, la clave del éxito estaba en que la definición fuera precisa y que hubiera un sistema que permitiera medir de forma objetiva el resultado.

Es de todos conocidos el concepto de «SMART *goals*». Cualquier objetivo que establezcamos debería ser:

- *Specific:* Específico: bien definido, claro, sin ambigüedades ni sujeto a interpretación.
- Measurable: Medible: con criterios de medida claros que nos permitan saber cómo vamos.
- *Achievable:* Alcanzable. Retador pero no imposible, ya que en ese caso perdería el efecto guía o motivador.
- *Realistic:* Realista: que esté al alcance del individuo y sea relevante.
- *Timely:* Determinado en el tiempo. Idealmente con fecha de inicio y de fin que nos sirva para marcar el ritmo.

Este modelo de objetivos generalmente parte de una foto razonablemente estable. Es un proceso en el que una vez al año se marca el rumbo y que se mide al final del año.

La gran cuestión en relación a este elemento es: ¿de veras es necesario un proceso específico para dar *feedback* sobre cumplimento de métricas objetivas que el empleado puede traquear de manera independiente? Si se tienen las herramientas adecuadas, cualquier comercial puede ver en tiempo real cómo van sus ventas. Por ejemplo, muchos profesionales de RR.HH. tienen métricas en sus objetivos asociadas al porcentaje de representación femenina en la plantilla, y los sistemas les dan la información en tiempo real.

Cuando los objetivos se definen de manera cualitativa, se debe poner aún más foco en definirlos cuidadosamente y aplicar los principios SMART.

Lo que en cualquier caso queda claro es que hay modelos tradicionales que no tendrán cabida, o no deberían tenerla en un futuro próximo. En este sentido hay que cuestionar errores que se han perpetuado a lo largo del tiempo:

- Actividad no equivale a desempeño. Podemos hacer muchas cosas, estar muy ocupados y no generar ningún resultado.
- Esfuerzo no equivale a desempeño. No podemos recompensar esfuerzo sin resultados.
- Presencia no equivale a desempeño. Establecer una equivalencia entre jornadas maratonianas en la oficina con generación de resultados es un gran error.

Lo verdaderamente fundamental es que detrás de cada objetivo haya claramente definido el resultado que queremos obtener y cómo este conecta con nuestra estrategia de negocio. John Doerr (2018) lo explica de manera magistral en su libro *Measure What Matters*, lectura muy recomendable para explorar en detalle el elemento a medir.

Con el tiempo, las compañías empiezan a darse cuenta de que, tan importante como definir y medir el qué queremos lograr, es definir y medir el cómo se consiguen esos objetivos. Es por ello que muchas empiezan a introducir un segundo componente en sus evaluaciones: además de evaluar las competencias demostradas por los empleados, evalúan los comportamientos esperados por ellos.

La evolución ha sido clara; en una primera etapa se daba mucho más peso en la evaluación a la parte de los objetivos (80-20 %) frente a los comportamientos, hasta llegar a modelos en los que los pesos se equilibran y ambos componentes se tienen en cuenta por igual (50-50 %). Las empresas más innovadoras han dado la vuelta al modelo y a día de hoy ponen mayor peso en el cómo que en el qué.

Medir competencias es una forma excelente de enviar un mensaje claro a la organización sobre el tipo de *hard skills* que se consideran necesarias para tener éxito en la organización. Competencias como la capacidad de liderazgo, la comunicación efectiva, la capacidad de influencia, la gestión de equipo, la orientación al cliente o la capacidad de aprendizaje. Sabremos qué es importante para una organización si lo encontramos reflejado en su evaluación del desempeño.

Medir comportamientos pone el foco en las *soft skills* y destaca de una manera clara cómo queremos que trabajen nuestros individuos. Algunos ejemplos pueden ser: capacidad de trabajar en equipo, capacidad de hacer crecer a otros, de colaborar con otros de manera efectiva, de ejercer un liderazgo empático.

De nuevo conviene resaltar cómo los modelos más modernos de evaluación se enfocan en medir el resultado o impacto que tiene el logro de los objetivos y le ponen mayor o igual atención que a cómo se consiguen esos resultados.

ACTORES Y RESPONSABILIDADES PRINCIPALES

Los modelos más tradicionales hacen recaer todo el peso de la evaluación en el supervisor directo del empleado a evaluar. El supervisor inicia el proceso y es responsable del resultado final de la evaluación.

Este modelo es cada vez más difícil de defender en un contexto como el actual en el que un empleado puede trabajar en varios proyectos durante el año, por ejemplo con modelos de organización Agile, en los que una misma persona se integrará en distintos equipos y colaborará con distintos equipos y líderes.

Por eso es cada vez más frecuente recabar opinión y perspectiva de todos aquellos profesionales que hayan tenido clara una exposición al trabajo de un empleado. Es importante recalcar este punto, que no se trata de preguntar a los supervisores que hayan tenido exposición muy puntual a un colaborador, sino que lo importante es asegurar que se preguntar a aquellos que pueden dar una opinión bien fundamentada en numerosas observaciones y datos objetivos.

Del mismo modo podríamos pedir una evaluación 360º, en la que solicitar perspectivas de, no solamente supervisores, sino también de colegas, reportes directos y otros que puedan aportar distintos puntos de vista sobre el empleado.

La perspectiva más moderna relacionada con el quién evalúa es la que apuesta por comenzar el proceso con una autoevaluación o reflexiones por parte del propio empleado. Es sin lugar a dudas la mejor forma de invitar a un análisis maduro y profesional por parte del propio individuo y evitar que el proceso arranque de manera defensiva. Nos sorprendería ver cómo los individuos son en muchas ocasiones más críticos con su trabajo que los propios mánagers y capaces de ofrecer una visión mucho más completa de cuál ha sido su desempeño.

Del mismo modo, cuando se empieza preguntando al empleado, se le está dando un mensaje de confianza en su criterio y todo el proceso arranca con un enfoque mucho más amable y equilibrado que favorece el desarrollo profesional del individuo.

CUÁNDO EVALUAR

Los modelos tradicionales suelen plantear el proceso de evaluación del desempeño como un ejercicio de ciclo anual. Normalmente la evaluación se completa una vez al año coincidiendo con el cierre del año calendario, el ejercicio fiscal o la fecha de incorporación del empleado. No obstante, la gran mayoría define el mismo momento en el tiempo para todos los empleados, lo cual simplifica la gestión del proceso.

En ocasiones se incluye una revisión a mitad de ciclo, o *mid year review,* que suele ser algo más ligera que la evaluación propiamente dicha. Este punto de chequeo intermedio puede ser:

- Voluntario en todos los casos.
- Voluntario para la mayoría de los casos y solamente obligatorio en el caso de que el empleado haya tenido una evaluación del desempeño insatisfactoria que requiera un punto de seguimiento que queramos documentar.
- Obligatorio para todos los casos de forma que todos los empleados tengan dos evaluaciones documentadas a lo largo del ciclo de revisión.

Si bien dos revisiones son mejor que una, la realidad es que la velocidad a la que se mueven los negocios y las organizaciones ha llevado a algunas compañías a replantearse este modelo y optar por un proceso de revisión o evaluación continua.

En los modelos más actuales se ven ritmos trimestrales en los que el proceso en sí mismo se plantea de modo más ligero, pero en el que las conversaciones sobre desempeño se producen de manera más constante.

Las ventajas de optar por este modelo son múltiples:

En primer lugar, cuanto más frecuente sea la evaluación más sencillo será para el supervisor o cualquier otro actor del proceso recordar o dar ejemplos concretos que puedan fundamentar la conversación. En el caso de los procesos anuales se suele recomendar a los mánagers que lleven un registro de aquellas situaciones que luego ayudarán a fundamentar su evaluación tanto en positivo como en negativo.

Esto también ayuda a evitar el efecto recencia, que es el que lleva a recordar de manera más clara los eventos que han sucedido en último lugar. Es frecuente también que se encuentre el efecto contrario; el efecto de primacía, que hará que se recuerde con más claridad todo lo que sucedió al comienzo del ciclo. Esto llevará casi con toda seguridad a dejar fuera aquellos logros o potenciales áreas de mejora que sucedieron a mitad del periodo de evaluación. Cuanto más se acorten los ciclos de revisión, más sencillo será evitar estos sesgos inconscientes.

Para explicar otra ventaja clara retornamos a la metáfora del GPS. El gran poder de los navegadores es que dan dirección en tiempo real. De poco serviría si, habiendo marcado como destino Santiago de Compostela, el GPS avisa del error en el itinerario cuando el vehículo está en Santander. La gracia del GPA es que, cada vez que hay un error en la ruta, de manera inmediata avisa del error y da un camino alternativo que vuelve a orientarnos en dirección al destino.

Si en el entorno laboral es necesario diseñar un sistema que funcione a modo de GPS, es imprescindible que los tiempos entre evaluación sean cada vez más cortos y, en paralelo, se incremente el *feedback on the spot* o en el momento. Cada interacción con estos reportes directos, debería considerarse una oportunidad de *coaching*.

CÓMO DOCUMENTAR LA EVALUACIÓN

En términos generales, los modelos tradicionales han tenido tendencia a crear formatos o plantillas de evaluación largos y razonablemente complejos. Documentos de varias páginas en los que recoger múltiples indicadores que requerían de una gran inversión de tiempo en los que esencialmente se recogía la evaluación y comentarios del supervisor y donde no había espacio para capturar las reflexiones u observaciones del evaluado. En todo caso se dejaba un hueco para firmar el documento como un recibí para dejar constancia de que el empleado lo había recibido. Todo esto en formato papel que quedaba archivado en el expediente del empleado.

La tendencia actual va más en la línea de diseñar modelos más sencillos, intuitivos, incluso digitalizados para poder capturar datos de otras fuentes de información de forma que completarlos sea más rápido. La inversión de tiempo se hace no tanto a la hora de completar el documento como en la conversación que surge a raíz de la devolución del resultado de la evaluación.

En la medida en que esta información esté digitalizada se podrá sacarle el máximo rendimiento al dato, correlacionando evaluación con otros aspectos de la gestión de personas: potencial, rendimiento, tiempo en compañía o en rol.

Además es cada vez más frecuente que haya un equilibrio entre el espacio que tiene el mánager para completar su evaluación y reflexiones en el espacio del que dispone el empleado para comentar y complementarlo con su visión.

También se ha observado un mayor número de espacios para recoger información cualitativa («verbatim») que ayude a capturar información más rica y no solo formatos que capturan información cuantitativa. De hecho, si se piensa en información cuantitativa, hay múltiples sistemas digitales que permiten capturar y visualizar numerosos parámetros de negocio de manera automática y a tiempo real, lo que permite aligerar en gran medida la tarea de completar estos formularios de evaluación.

CÓMO DEVOLVER EL RESULTADO DE LA EVALUACIÓN

De nuevo comenzaremos el apartado describiendo los modelos más tradicionales. En estos modelos se pueden ver fórmulas en las que el supervisor convoca al evaluado preferiblemente en formato presencial, a una reunión de duración variable, aunque en términos generales no muy larga (60 min. máximo).

Durante esa reunión, el mánager comenta con el empleado el resultado de la evaluación. En los sistemas de evaluación tradicionales, que tienen como resultado final una nota o calificación final −escalas de 1 a 10 o de excelente a deficiente–, el mánager le comunica cuál es el resultado, y explica, o debería explicar, cómo se ha llegado a esa conclusión. Y, se quiere resaltar la palabra «debería» porque en ocasiones y especialmente cuando el resultado de la evaluación no es bueno, los mánagers acortan la conversación y dan pocas explicaciones con el objetivo de evitar una conversación difícil.

Suelen ser modelos en los que el 90 % de la conversación es dirigida por el mánager, que comenta un resultado como dado, y con suerte deja un 10 % de tiempo al evaluado para hacer preguntas o compartir su visión sobre esa calificación.

En los modelos actuales se pueden ver algunos elementos de mejora frente a esta forma de actual.

En primer lugar, al convocar la reunión se recomienda que el mánager anticipe los resultados a revisar con el empleado para que este haya tenido oportunidad de leerlos con calma y que de este modo la conversación no suponga una sorpresa para el evaluado. Eso ayuda en la preparación, que debería ser rigurosa por ambas partes.

Del mismo modo, la recomendación es que se agende una reunión en la que se tenga suficiente tiempo para tener una conversación de calidad. Mínimo 60 minutos, pero es recomendable agendar 90 o incluso más. Dependerá de la evaluación concreta del empleado. Desde un punto de vista de gestión de personas, esta es una de las conversaciones más relevantes para los empleados. Evaluador y evaluado necesitan asegurarse de que tienen tiempo de calidad suficiente para que esta conversación añada valor a las dos partes.

Se recomienda que esta reunión sea verdaderamente una conversación en la que la intervención de ambos sea equilibrada, 50 % supervisor 50 % empleado. Se debe recordar que el objetivo fundamental de este proceso es ayudar al empleado a reflexionar sobre su desempeño en un periodo concreto, ayudarle a entender qué podría haber hecho mejor o diferente para tener aún mejor resultado y establecer el modo de actuación de cara al siguiente periodo. Este es el momento de acordar una hoja de ruta común en términos de objetivos, resultados y cómo alcanzarlos.

Es necesario asegurarse también de que esta conversación reserva un espacio para hablar de desarrollo profesional y próximos pasos. Es una forma perfecta de cerrar un proceso que debe enfocarse al futuro.

IMPLICACIONES DE LA EVALUACIÓN DEL DESEMPEÑO EN PROCESOS DE COMPENSACIÓN

Es difícil encontrar modelos de evaluación que no estén relacionados en mayor o menor medida con los procesos de compensación o recompensa. Es habitual encontrar una correlación directa entre el resultado de la evaluación cuando se plantea como una calificación y el incremento salarial del año o el bono a recibir. Son modelos de compensación que diferencian en función del rendimiento y aseguran que aquellos empleados que tienen un mayor impacto en los resultados del negocio reciben mayores recompensas que aquellos que han tenido una contribución menor.

Es importante que ambos elementos estén conectados de forma que se envíe un mensaje potente a la organización. Es un tema básico de gestión de consecuencias. Si todos los empleados, con independencia de su desempeño, reciben las mismas recompensas financieras, el propio modelo pierde la capacidad de movilizar a la plantilla en la dirección correcta.

Es por eso que los modelos de evaluación deben estar perfectamente alineados a la estrategia de negocio, ya que en caso contrario pueden tener resultados contraproducentes en el mismo. Recuerda la metáfora del GPS lo importante que es establecer con claridad e intencionalidad el punto de destino del viaje.

Del mismo modo, un sistema de evaluación desequilibrado o mal gestionado que conecte con el sistema de recompensas sin los controles adecuados puede generar inequidades y convertirse en una causa de insatisfacción.

CONCLUSIONES

Los modelos más modernos dejan de lado el concepto de «evaluación». De hecho, hay algunas organizaciones que ya han eliminado el proceso de evaluación del desempeño de sus rutinas de personas.

El foco deja de ponerse en la evaluación, que no deja de ser un proceso *a posteriori* con un valor relativo, ya que lo hecho hecho está, y pasa a centrarse en el aprendizaje constante. Lo que resulta interesante de estos procesos modernos es que tanto el empleado como su mánager directo, de manera colaborativa reflexionan sobre cómo están contribuyendo al logro de los objetivos de negocio y qué oportunidades encuentran de hacer las cosas distintas para contribuir más y mejor.

Estos procesos generan dinámicas mucho más constructivas y amables. En un proceso de evaluación es fácil que el evaluado parta de un estado emocional defensivo en el que siente que va a ser juzgado y donde tendrá poco que decir al respecto.

En un formato de conversación en el que el foco es el aprendizaje mutuo es más sencillo generar una relación de confianza donde el empleado se sienta cómodo para traer a la mesa su reflexión sobre áreas de mejora.

Este tipo de modelo favorece a cualquier perfil de empleado; desde el más junior al más senior, ya que desde este planteamiento todos los integrantes de la organización pueden siempre retarse a lograr más y mejor. Está diseñado para ayudar tanto al empleado que tiene que mejorar significativamente su desempeño como al que ya tiene un desempeño excelente.

En los modelos tradicionales se generan situaciones de autocomplacencia en aquellos empleados considerados *top performers*. Las evaluaciones resultan en calificaciones excelentes, felicitaciones y pueden transmitir al evaluado la sensación de haber llegado a meta. Aunque es importante celebrar los logros y el resultado obtenidos en un determinado periodo, siempre hay que incluir un elemento de reflexión que ayude a seguir creciendo. Aun teniendo excelentes resultados, se puede plantear la siguiente pregunta: si tuviera la oportunidad de hacerlo de nuevo, ¿hay algo que podría hacer distinto para tener aún mejor resultado?

La idea fundamental es mantener una conversación fluida y permanente sobre aprendizajes y oportunidades de crecimiento tanto en el qué, los resultados o impacto en el negocio, como en el cómo llegamos a ellos.

Las conversaciones se hacen más frecuentes, menos formales o estructuradas, y más participativas. Se debe crear un círculo virtuoso de mejora continua que ayude a seguir avanzando de forma colectiva.

Obviamente implementar un modelo de estas características requiere de gran madurez por parte de la organización, de los líderes de esta y, en general, de todos los empleados. Desde la función de RR.HH. se deberá liderar una transformación cultural muy relevante en la que los mánagers estén dispuestos a cambiar control por confianza y en la que los empleados reciban esa confianza con responsabilidad y espíritu crítico.

En resumen, ¿se puede gestionar de manera eficiente el desempeño sin un proceso tradicional de evaluación del desempeño? La respuesta es sí. El reto será entender y diseñar qué nuevo modelo se adapta mejor a la cultura organizativa, la estrategia de negocio de cada organización y el momento de madurez en que se encuentra.

12. UNA VISIÓN LABORALISTA DE LA EVALUACIÓN DEL DESEMPEÑO

Llegados a este punto del desarrollo de la presente obra, habiendo analizado y desarrollado pormenorizadamente las vicisitudes de los diferentes sistemas de gestión del desempeño aplicables en la empresa, cabe aportar una visión diferente que guarda relación con una de las parcelas que a los directores de Recursos Humanos les corresponde también gestionar en sus compañías: las relaciones laborales.

De entrada sería adecuado cuestionarse cuál es la razón o el amparo jurídico que faculta al empresario a evaluar el comportamiento de sus trabajadores y, a partir de ese momento, a tomar decisiones respecto al futuro de los mismos.

En las siguientes páginas señalamos algunos de estos puntos, que dan amparo legal al proceso de evaluación del desempeño o, mejor dicho, que guardan relación con él.

La norma laboral no dedica una atención particular a este tema, pero a lo largo de diversos artículos del Estatuto de los Trabajadores sí que se puede encontrar una regulación que tiene relación con los aspectos que están presentes en el proceso de evaluación.

La cuestión es si existe un fundamento legal que ampare el que el empresario pueda marcar objetivos a los trabajadores, y más aún asociar una determinada retribución variable al cumplimiento de los mismos, así como otras consecuencias de carácter laboral.

En definitiva, todo este proceso, que se mezcla también con la evaluación del rendimiento, tiene su base en una articulación jurídica del ordenamiento laboral español. De modo resumido se explica este contexto a continuación:

RELACIÓN DEL PROCESO DE EVALUACIÓN DEL DESEMPEÑO CON EL DERECHO DEL TRABAJO

Se debe partir de la base de que el proceso de evaluación del desempeño forma parte de los elementos integrantes de la estrategia empresarial en cualquier tipo de negocio. El empresario, entre sus múltiples funciones no puede dejar de comprobar si el desempeño de sus trabajadores se ajusta a los parámetros prefijados esperados.

Es conocida, y no siempre bien utilizada, la frase de que el capital humano es el activo más importante de la empresa, lo cual significa que el empresario, concepto sobre el que volveremos más adelante, debe concentrar su tarea en la valoración del equipo del que se ha rodeado.

El logro de los objetivos de la compañía dependerá del nivel de ajuste de los diferentes responsables a su consecución. En definitiva, estará íntimamente relacionado con el buen funcionamiento de la organización, recordando en este sentido que organizar es asignar tareas y autoridad, labor fundamental que ha de desarrollar convenientemente el empresario, para la cual nuestra legislación le dota de las necesarias facultades en orden a la toma de decisiones estratégicas. A continuación se describe cuáles son:

El poder de dirección del empresario

El artículo 20 del Estatuto de los Trabajadores[21], bajo el epígrafe «Dirección y control de la actividad laboral», define la

---

21   El artículo 20 del Estatuto de los Trabajadores, aprobado por Real Decreto Legislativo 2/2015, de 23 de octubre, indica literalmente lo siguien-

capacidad del empresario bajo que lo que se ha denominado el poder de dirección empresarial para vigilar, controlar y organizar el trabajo que se encomienda a los trabajadores a sus órdenes en el ámbito de la empresa.

Este artículo, en su diversos apartados, trata de cómo el trabajador está obligado a trabajar bajo la dirección del empresario, los deberes que tiene de diligencia y colaboración en su prestación laboral, así como la exigencia de la buena fe que le son debidas tanto al empresario como al trabajador; sin dejar de mencionar la capacidad del empresario para establecer controles y medidas de vigilancia para verificar el cumplimiento por parte del trabajador siempre, respetando siempre la dignidad del trabajador.

Antes de abordar los puntos relativos a este poder de dirección del empresario y cómo tienen vinculación con la evaluación del desempeño, conviene explicar el concepto de empresario que está presente en esta regulación laboral.

---

te: «1. El trabajador estará obligado a realizar el trabajo convenido bajo la dirección del empresario o persona en quien este delegue. 2. En el cumplimiento de la obligación de trabajar asumida en el contrato, el trabajador debe al empresario la diligencia y la colaboración en el trabajo que marquen las disposiciones legales, los convenios colectivos y las órdenes o instrucciones adoptadas por aquel en el ejercicio regular de sus facultades de dirección y, en su defecto, por los usos y costumbres. En cualquier caso, el trabajador y el empresario se someterán en sus prestaciones recíprocas a las exigencias de la buena fe. 3. El empresario podrá adoptar las medidas que estime más oportunas de vigilancia y control para verificar el cumplimiento por el trabajador de sus obligaciones y deberes laborales, guardando en su adopción y aplicación la consideración debida a su dignidad y teniendo en cuenta, en su caso, la capacidad real de los trabajadores con discapacidad. 4. El empresario podrá verificar el estado de salud del trabajador que sea alegado por este para justificar sus faltas de asistencia al trabajo, mediante reconocimiento a cargo de personal médico. La negativa del trabajador a dichos reconocimientos podrá determinar la suspensión de los derechos económicos que pudieran existir a cargo del empresario por dichas situaciones».

El concepto de empresario

Cabe llamar la atención del lector sobre la literalidad de lo dispuesto en el artículo 20.1 del Estatuto de los Trabajadores. Según se indica en el mismo, el trabajador está obligado a realizar el trabajo para el que le han contratado bajo la dirección del empresario «o persona en quien este delegue».

La realidad empresarial cotidiana muestra cómo un gran número de lo que podríamos denominar «trabajadores por cuenta ajena» se encuentran sometidos a una doble condición, en la medida en que están encargados de dirigir personas o equipos de trabajo, sobre los que disponen de capacidad de dirección, y a su vez sobre ellos el empresario también despliega su capacidad de dirección y control.

Así, si estos «trabajadores por cuenta ajena» elevan su mirada hacia arriba en el organigrama o escalafón jerárquico verán a quien para ellos representa a la empresa, que no es otro que su jefe. Porque la empresa se dirige a ellos a través de la persona del jefe, mánager, responsable o cualquiera de los sinónimos que el lector prefiera.

Pero esa misma persona, que mira hacia arriba y ve a su jefe como sujeto activo del poder de dirección de la empresa, si mira hacia abajo puede ver a las personas para las cuales el poder de dirección surge directamente de él mismo. Porque este sujeto es «la persona en quien el empresario delega sus funciones de dirección». Estamos hablando de una figura que en terminología clásica se ha denominado «mando intermedio».

Si la función de organización se ha desplegado y se ha puesto en práctica adecuadamente, son los mandos intermedios los que hacen que la compañía opere en su actividad diaria. Evidentemente, para las grandes decisiones estratégicas será el propio empresario, aunque haya delegado en un consejero próximo, el que tome las riendas. El funcionamiento de las empresas es posible gracias a que el empresario ha delegado el poder de dirección en otros mandos y personas y cada uno en su ámbito desarrolla estas facultades de gestión.

Lo que se trata de destacar aquí es que el Estatuto de los Trabajadores, cuando habla del empresario en realidad está pensando siempre en la persona en quien este delega, porque el empresario por sí mismo lleva a la práctica pocas acciones que tengan relevancia en la actividad operativa de la empresa. Y así se recoge expresamente en el apartado 1 del artículo 20 cuando dice: «El trabajador estará obligado a realizar el trabajo convenido bajo la dirección del empresario o persona en quien este delegue».

Las instrucciones de trabajo

El artículo 20.2 del Estatuto de los Trabajadores pone encima de la mesa un elemento fundamental para el desarrollo de la actividad en la empresa. Indica expresamente que «el trabajador debe al empresario la diligencia y colaboración en el trabajo que marquen... las instrucciones adoptadas por aquel en el ejercicio regular de sus facultades de dirección».

Es decir, el empresario da órdenes y la persona en quien este delega imparte a su vez instrucciones u órdenes de trabajo que deben ser obedecidas por los trabajadores. A nadie se le oculta que la manera de dirigir, impartir instrucciones, trabajar, en definitiva, difiere claramente de unas personas a otras. Y los estilos de dirección tienen que mucho que ver con la cultura y el liderazgo que exista en cada organización. Se puede entender que los términos utilizados en este artículo, tales como instrucciones, órdenes u obediencia, poco tienen que ver con un liderazgo que favorezca el verdadero desarrollo y crecimiento profesional de las personas que forman parte de la organización. Pero se debe considerar que el empleo de estos términos se debe exclusivamente a que lo que se pretende es marcar la capacidad que tiene el empresario de supervisar y organizar el trabajo de sus colaboradores y esto se puede hacer con estilos de dirección muy diversos. Es básicamente un aspecto de elaborar un marco jurídico que permita el control por parte del empresario. Tanto el empresario como cada una de las personas que ocupan puestos de responsabilidad con personas a su cargo marcan con su liderazgo la cultura empresarial.

Se puede decir que una de las funciones más difíciles de realizar es la de dirigir personas y equipos y liderarlos.

El periodo de prueba

Con base en la necesidad de que ambas partes de la relación laboral encajen en el objetivo común empresarial, bajo la dirección del empresario, el legislador ha dispuesto la existencia de un periodo, denominado «de prueba», que viene a ser como el final del proceso de selección de la persona para su integración en la empresa[22].

Durante ese tiempo se debe evaluar el desempeño de la persona con el fin de asegurar que cumple con los requisitos que se intuyeron en las entrevistas de selección. Si la percepción de las partes es que se equivocaron en su decisión, ambas pueden desvincularse sin necesidad de dar explicación, alguna a la otra, sobre la causa real de la desvinculación.

La institución del periodo de prueba ha suscitado múltiples pronunciamientos doctrinales. En este sentido el profesor Sempere Navarro (2016) indica que «una conclusión, tan importante como paradójica, es constatar cómo el sustento básico de la institución, representado por la necesaria experimentación, por los contratantes, de la relación de trabajo, sobre la que decidir el mantenimiento o no del vínculo

---

22 Artículo 14 del Estatuto de los Trabajadores.

contractual, no se acompaña de medidas legislativas que lo hagan operativo. En efecto, se faculta a las partes a desvincularse del contrato suscrito sin necesidad de alegar la causa y mucho menos acreditar el resultado del experimento al que fueron compelidas, extremo este que, sin embargo, ha sido asumido sin fisuras por nuestros Tribunales. En la base de esta incongruencia quizás se encuentre una inconfesada caracterización fiduciaria del contrato de trabajo por el legislador, que le habría llevado a flexibilizar el desistimiento, sin exigencia de causa, precisamente por la relevancia que se otorgaría en dicha decisión extintiva a las circunstancias personales del trabajador».

Si se pone en relación el periodo de prueba con los sistemas de evaluación de los que se ha tratado a lo largo de este libro se concluye que no están propiamente relacionados. Más bien el periodo de prueba, que es un tiempo en el que al trabajador hay que evaluarlo, valorarlo y determinar su adecuación al puesto y a la organización, no tiene por qué coincidir temporalmente con el periodo en el que se despliegan los sistemas de evaluación. Es importante utilizar sistemas de medición y de evaluación concretos que permitan tomar una decisión objetiva y fundada sobre si se ha superado con éxito, o no, el periodo de prueba. Esto tiene que ver también con la idea que se ha venido exponiendo de la crisis sobre los sistemas de evaluación tradicionales y la necesidad de encontrar nuevas herramientas de evaluación.

La promoción, la formación profesional y los ascensos

El Estatuto de los Trabajadores, dentro de su Sección 3ª, Clasificación profesional y promoción en el trabajo, dedica los artículos 23, 24 y 25 a lo relativo a la promoción y formación profesional en el trabajo, los ascensos y la promoción económica, sin duda aspectos estos que tienen una estrecha relación con la evaluación de los empleados. La formación, la promoción y los ascensos suelen determinarse para cada empleado teniendo en cuenta habitualmente lo que se ha concluido tras los procesos de evaluación. Pero el Estatuto, a la hora de regularlos, lo hace sin vincularlos con la evaluación del desempeño y se centra en exponerlos desde la óptica de los derechos de los trabajadores. Los trabajadores, según reza el Estatuto, tienen derecho a la formación, a la promoción y a los ascensos. ¿De qué manera o en virtud de qué? A continuación se expone.

El artículo 23 se centra en regular la formación como un derecho del trabajador en cuanto a poder disponer del tiempo y la flexibilización y adaptación de la jornada necesaria para poder asistir a cursos de formación. Siempre que dicha formación sea necesaria para su puesto de trabajo o así esté comprometido en la negociación colectiva.

En el texto del artículo 24 se encuentra la regulación de cómo deben producirse los ascensos. Por una parte se establece que el marco jurídico en el que se puede regular el sistema de ascenso son los convenios o acuerdos colectivos. Sin duda, cuando el legislador trata este punto tiene en su mente todo lo relativo al ascenso o promoción de categoría profesional y el sistema de acceso a las mismas que suele ser materia habitual de los convenios colectivos. Y ¿qué reglas o qué se puede tener en cuenta para los ascensos? En este punto el Estatuto introduce de nuevo la capacidad de dirección y organización del empresario cuando dice: «En todo caso los ascensos se producirán teniendo en cuenta la formación, méritos, antigüedad del trabajador, así como las facultades organizativas del empresario». Y no necesariamente se deben tener en cuenta todos estos aspectos al tiempo ni de forma excluyente, sino que parece que se trata de una relación de algunos elementos con los que objetivar los ascensos. Y de nuevo aquí intervienen los sistemas de evaluación en el desempeño. El legislador no los menciona expresamente, pero se puede deducir que faculta al empresario para que desarrollando sus facultades organizativas los utilice como herramienta para los ascensos y la promoción profesional. En el apartado 3 de este artículo el legislador menciona expresamente la posibilidad de la existencia de sistemas que garanticen el igual de trato entre hombres y mujeres en la promoción profesional de forma que se garantice la ausencia de discriminación, tanto directa como indirecta. Se puede entender que los sistemas de evaluación del desempeño pueden llegar a ser un sistema que ayude a garantizar esta igualdad.

Por último, el artículo 25 recoge el derecho del trabajador a la promoción económica en función del trabajo realizado y de acuerdo con lo que se establezca en el convenio colectivo o en el contrato de trabajo. Una vez más el legislador no menciona la posibilidad de que sean los sistemas de evaluación del desempeño los que sirvan para promover esa mejora económica en función del resultado que cada trabajador haya obtenido en su evaluación. Pero al vincular la promoción económica con el trabajo realizado se puede entender que será la evaluación del desempeño la herramienta con la que medir el trabajo realizado.

En definitiva, en la regulación que hace el legislador de cómo debe producirse el ascenso y promoción profesional del trabajador, no menciona los sistemas de evaluación del desempeño pero estos están amparados implícitamente como instrumentos válidos para la medición del desempeño y por tanto la promoción y ascenso profesional.

El despido disciplinario

Con el fin de valorar la importancia legal de la obligación que tiene el trabajador en relación con el cumplimiento de las instrucciones de trabajo, conviene repasar detalladamente las causas de despido disciplinario consignadas en el artículo 54 del Estatuto de los Trabajadores[23].

Cabe destacar los incumplimientos contractuales directamente relacionados con las instrucciones que dicta el empresario o persona en quien este delegue, como causa de despido. Así, nos encontramos con los siguientes supuestos:

- Faltas repetidas e injustificadas de asistencia o puntualidad al trabajo.
- Transgresión de la buena fe contractual, abuso de confianza en el desempeño del trabajo.
- Disminución continuada y voluntaria en el rendimiento del trabajo normal o pactado.

Por supuesto que el empresario (no se debe olvidar de englobar siempre en el concepto a la persona en quien este delegue) imparte órdenes verbalmente en el ejercicio de sus funciones, pero también define políticas y procedimientos de trabajo que constituyen reglas de obligado cumplimiento en el ámbito de la empresa. Su incumplimiento puede englo-

---

23   El artículo 54 del Estatuto de los Trabajadores lista las causas de despido disciplinario, indicando lo siguiente: 1. El contrato de trabajo podrá extinguirse por decisión del empresario, mediante despido basado en un incumplimiento grave y culpable del trabajador. 2. Se considerarán incumplimientos contractuales: a) Las faltas repetidas e injustificadas de asistencia o puntualidad al trabajo. b) La indisciplina o desobediencia en el trabajo. c) Las ofensas verbales o físicas al empresario o a las personas que trabajan en la empresa o a los familiares que convivan con ellos. d) La transgresión de la buena fe contractual, así como el abuso de confianza en el desempeño del trabajo. e) La disminución continuada y voluntaria en el rendimiento de trabajo normal o pactado. f) La embriaguez habitual o toxicomanía si repercuten negativamente en el trabajo. g) El acoso por razón de origen racial o étnico, religión o convicciones, discapacidad, edad u orientación sexual y el acoso sexual o por razón de sexo al empresario o a las personas que trabajan en la empresa.

barse en cualquiera de los supuestos indicados arriba[24], sin perjuicio de que haya conductas que puedan encuadrarse en alguna de las otras causas expresadas en el artículo 54 del Estatuto de los Trabajadores.

Se puede entender que lo relativo a la disminución continuada y voluntaria del trabajo normal o pactado tiene mucho que ver con el resultado de la evaluación del desempeño del trabajador. Para que la disminución del rendimiento sea causa de un despido disciplinario es necesario concretar en qué y cuándo se ha producido. Si se entiende que el bajo rendimiento justifique un despido como disciplinario, se tendrán que dar una serie de requisitos, entre los que se encuentra la acreditación de la causa. Es decir, el empresario deberá justificar y acreditar que el trabajador ha incurrido en una disminución continuada y voluntaria de su rendimiento. Y esto hay que hacerlo de una manera objetiva y suficiente no siendo válidas afirmaciones genéricas o que no se concreten en una conducta o hechos determinados. Por ello se suele acudir, en ocasiones, a los resultados de las evaluaciones en el desempeño como un indicio de ese bajo rendimiento.

Modificaciones sustanciales de las condiciones de trabajo

Hasta aquí se ha comentado el poder de dirección del empresario, tomado como una facultad que el mismo puede ejercer sin someterse a ningún procedimiento previo para su aprobación, más allá de cualesquiera políticas internas o requerimientos establecidos por el propio empresario. Es lo que se ha venido denominando «ius variandi».

---

24   En nuestros tribunales podemos consultar una amplia muestra de sentencias al respecto. Véanse, entre otras las siguientes: STSJ de Cataluña de 15 de diciembre de 2020 (JUR 2021, 116318) y de 10 de febrero de 2021 (JUR 2021, 152000); STSJ de Madrid de 19 de octubre de 2020 (AS 2021, 471).

Sin embargo, el legislador laboral, consciente de que de las dos partes que componen la relación laboral, hay una parte débil, el trabajador, ha querido protegerlo de posibles decisiones arbitrarias del empresario. Así, ha dispuesto que determinadas decisiones del empleador no puedan ponerse en práctica de modo automático, sino que han de someterse a un procedimiento previo en el que se pueda acreditar su razonabilidad y sus causas.

A este respecto, el extenso artículo 41 del Estatuto de los Trabajadores[25] indica que tendrán la consideración de

____

25   El texto completo del artículo 41 del Estatuto de los Trabajadores es el siguiente: 1. La dirección de la empresa podrá acordar modificaciones sustanciales de las condiciones de trabajo cuando existan probadas razones económicas, técnicas, organizativas o de producción. Se considerarán tales las que estén relacionadas con la competitividad, productividad u organización técnica o del trabajo en la empresa. Tendrán la consideración de modificaciones sustanciales de las condiciones de trabajo, entre otras, las que afecten a las siguientes materias: a) Jornada de trabajo. b) Horario y distribución del tiempo de trabajo. c) Régimen de trabajo a turnos. d) Sistema de remuneración y cuantía salarial. e) Sistema de trabajo y rendimiento. f) Funciones, cuando excedan de los límites que para la movilidad funcional prevé el artículo 39. 2. Las modificaciones sustanciales de las condiciones de trabajo podrán afectar a las condiciones reconocidas a los trabajadores en el contrato de trabajo, en acuerdos o pactos colectivos o disfrutadas por estos en virtud de una decisión unilateral del empresario de efectos colectivos. Se considera de carácter colectivo la modificación que, en un periodo de noventa días, afecte al menos a: a) Diez trabajadores, en las empresas que ocupen menos de cien trabajadores. b) El diez por ciento del número de trabajadores de la empresa en aquellas que ocupen entre cien y trescientos trabajadores. c) Treinta trabajadores, en las empresas que ocupen más de trescientos trabajadores. Se considera de carácter individual la modificación que, en el periodo de referencia establecido, no alcance los umbrales señalados para las modificaciones colectivas. 3. La decisión de modificación sustancial de condiciones de trabajo de carácter individual deberá ser notificada por el empresario al trabajador afectado y a sus representantes legales con una antelación mínima de quince días a la fecha de su efectividad. En los supuestos previstos en las letras a), b), c), d) y f) del apartado 1, si el trabajador resultase perjudicado por la modificación sustancial tendrá derecho a rescindir su contrato y percibir una indemnización de veinte días de salario por año de servicio prorrateándose por meses los periodos inferiores a un año y con un máximo de nueve meses. Sin perjuicio de la ejecutividad de la modificación en el plazo de efectividad anteriormente citado, el trabajador que, no habiendo optado por la rescisión de su contrato, se muestre disconforme con la decisión empresarial podrá impugnarla ante la jurisdicción social. La sentencia declarará la modificación justificada o injustificada y, en este último caso,

reconocerá el derecho del trabajador a ser repuesto en sus anteriores condiciones. Cuando con objeto de eludir las previsiones contenidas en el apartado siguiente, la empresa realice modificaciones sustanciales de las condiciones de trabajo en periodos sucesivos de noventa días en número inferior a los umbrales que establece el apartado 2 para las modificaciones colectivas, sin que concurran causas nuevas que justifiquen tal actuación, dichas nuevas modificaciones se considerarán efectuadas en fraude de ley y serán declaradas nulas y sin efecto. 4. Sin perjuicio de los procedimientos específicos que puedan establecerse en la negociación colectiva, la decisión de modificación sustancial de condiciones de trabajo de carácter colectivo deberá ir precedida de un periodo de consultas con los representantes legales de los trabajadores, de duración no superior a quince días, que versará sobre las causas motivadoras de la decisión empresarial y la posibilidad de evitar o reducir sus efectos, así como sobre las medidas necesarias para atenuar sus consecuencias para los trabajadores afectados. La consulta se llevará a cabo en una única comisión negociadora, si bien, de existir varios centros de trabajo, quedará circunscrita a los centros afectados por el procedimiento. La comisión negociadora estará integrada por un máximo de trece miembros en representación de cada una de las partes. La intervención como interlocutores ante la dirección de la empresa en el procedimiento de consultas corresponderá a las secciones sindicales cuando estas así lo acuerden, siempre que tengan la representación mayoritaria en los comités de empresa o entre los delegados de personal de los centros de trabajo afectados, en cuyo caso representarán a todos los trabajadores de los centros afectados. En defecto de lo previsto en el párrafo anterior, la intervención como interlocutores se regirá por las siguientes reglas: a) Si el procedimiento afecta a un único centro de trabajo, corresponderá al comité de empresa o a los delegados de personal. En el supuesto de que en el centro de trabajo no exista representación legal de los trabajadores, estos podrán optar por atribuir su representación para la negociación del acuerdo, a su elección, a una comisión de un máximo de tres miembros integrada por trabajadores de la propia empresa y elegida por estos democráticamente o a una comisión de igual número de componentes designados, según su representatividad, por los sindicatos más representativos y representativos del sector al que pertenezca la empresa y que estuvieran legitimados para formar parte de la comisión negociadora del convenio colectivo de aplicación a la misma. En el supuesto de que la negociación se realice con la comisión cuyos miembros sean designados por los sindicatos, el empresario podrá atribuir su representación a las organizaciones empresariales en las que estuviera integrado, pudiendo ser las mismas más representativas a nivel autonómico, y con independencia de que la organización en la que esté integrado tenga carácter intersectorial o sectorial. b) Si el procedimiento afecta a más de un centro de trabajo, la intervención como interlocutores corresponderá: En primer lugar, al comité intercentros, siempre que tenga atribuida esa función en el convenio colectivo en que se hubiera acordado su creación. En otro caso, a una comisión representativa que se constituirá de acuerdo con las siguientes reglas: 1.ª Si todos los centros de trabajo afectados por el procedimiento cuentan con representantes legales de los trabajadores, la comisión estará integrada por estos. 2.ª Si alguno de los centros de trabajo afectados cuenta con representantes legales de los trabajadores y otros no, la comisión estará integrada únicamente por representantes legales de los trabajadores de los centros que cuenten con dichos representantes. Y ello salvo que los trabajadores de los centros que no cuenten con representantes legales opten por designar la comisión a que se refiere la letra a), en cuyo caso la comisión representativa estará integrada conjuntamente por representantes legales de los trabajadores y por miembros de las comisiones previstas en dicho párrafo, en proporción al número de trabajadores que representen. En el supuesto de que uno o varios centros de trabajo afectados por el procedimiento que no cuenten con representantes legales de los trabajadores opten por no designar la comisión de la letra a), se asignará su representación a los representantes legales de los trabajadores de los centros de trabajo afectados que cuenten con ellos, en proporción al número de trabajadores que representen. 3.ª Si ninguno de los centros de trabajo afectados por el procedimiento cuenta con representantes legales de los trabajadores, la comisión representativa estará integrada por quienes sean elegidos por y entre los miembros de las comisiones designadas en los centros de trabajo afectados conforme a lo dispuesto en la letra a), en proporción al número de trabajadores que representen. En todos los supuestos contemplados en este apartado, si como resultado de la aplicación de las reglas indicadas anteriormente el número inicial de representantes fuese superior a trece, estos elegirán por y entre ellos a un máximo de trece, en proporción al número de trabajadores que representen. La comisión representativa de los trabajadores deberá quedar constituida con carácter previo a la comunicación empresarial de inicio del procedimiento de consultas. A estos efectos, la dirección de la empresa deberá comunicar de manera fehaciente a los trabajadores o a sus representantes su intención de iniciar el procedimiento de modificación sustancial de condiciones de trabajo. El plazo máximo para la constitución de la comisión representativa será de siete días desde la fecha de la referida comunicación, salvo que alguno de los centros de trabajo que vaya a estar afectado por el procedimiento no cuente con representantes legales de los trabajadores, en cuyo caso el plazo será de quince días.

Transcurrido el plazo máximo para la constitución de la comisión representativa, la dirección de la empresa podrá comunicar el inicio del periodo de consultas a los representantes de los trabajadores. La falta de constitución de la comisión representativa no impedirá el inicio y transcurso del periodo de consultas, y su constitución con posterioridad al inicio del mismo no comportará, en ningún caso, la ampliación de su duración. Durante el periodo de consultas, las partes deberán negociar de buena fe, con vistas a la consecución de un acuerdo. Dicho acuerdo requerirá la conformidad de la mayoría de los representantes legales de los trabajadores o, en su caso, de la mayoría de los miembros de la comisión representativa de los trabajadores siempre que, en ambos casos, representen a la mayoría de los trabajadores del centro o centros de trabajo afectados. El empresario y la representación de los trabajadores podrán acordar en cualquier momento la sustitución del periodo de consultas por el procedimiento de mediación o arbitraje que sea de aplicación en el ámbito de la empresa, que deberá desarrollarse dentro del plazo máximo señalado para dicho periodo. Cuando el periodo de consultas finalice con acuerdo se presumirá que concurren las causas justificativas a que alude el apartado 1 y solo podrá ser impugnado ante la jurisdicción social por la existencia de fraude, dolo, coacción o abuso de derecho en su conclusión. Ello sin perjuicio del derecho de los trabajadores afectados a ejercitar la opción prevista en el párrafo segundo del apartado 3. 5. La decisión sobre la modificación colectiva de las condiciones de trabajo será notificada por el modificaciones sustanciales de las condiciones de trabajo, entre otras, las que afecten a las siguientes materias:

- Jornada de trabajo.
- Horario y distribución del tiempo de trabajo.
- Régimen de trabajo a turnos.
- Sistema de remuneración y cuantía salarial.
- Sistema de trabajo y rendimiento.
- Funciones, cuando excedan de los límites que para la movilidad funcional prevé el artículo 39.

¿Y qué relación se puede ver entre la modificación sustancial de condiciones y los sistemas de evaluación del desempeño? Aunque no se encuentre *a priori* esa conexión, sí que hay una relación. De la evaluación en el desempeño se pueden obtener consecuencias y decisiones que terminen en una modificación de condiciones de trabajo de carácter sustancial. Desde una modificación del sistema de retribución y de la cuantía salarial a una modificación de la jornada de trabajo o del horario. No es este el momento de comentar lo dispuesto en el artículo 41, por razones de espacio; pero, a efectos ilustrativos, sirva como resumen a su lectura atenta el hecho de valorar que estamos ante un artículo limitativo de las facultades del empresario en su poder de dirección. Y es en virtud del poder de dirección y control el empresario por el que este puede tomar la decisión que resulte más conveniente para su negocio, pero debe fundamentarla y so-

---

empresario a los trabajadores una vez finalizado el periodo de consultas sin acuerdo y surtirá efectos en el plazo de los siete días siguientes a su notificación. Contra las decisiones a que se refiere el presente apartado se podrá reclamar en conflicto colectivo, sin perjuicio de la acción individual prevista en el apartado 3. La interposición del conflicto paralizará la tramitación de las acciones individuales iniciadas hasta su resolución. 6. La modificación de las condiciones de trabajo establecidas en los convenios colectivos regulados en el título III deberá realizarse conforme a lo establecido en el artículo 82.3. 7. En materia de traslados se estará a lo dispuesto en las normas específicas establecidas en el artículo 40.

meterse a las reglas previstas por el legislador para poner en práctica las medidas que quiera adoptar.

El despido colectivo

Cuando un empresario se plantea la necesidad de acudir al despido colectivo, antes de tomar esa decisión ha debido realizar una serie de análisis estratégicos para fundamentar la misma y, posteriormente, debe someterse al procedimiento legalmente establecido al efecto. Este procedimiento contiene una serie de exigencias legales entre las que se deben destacar las que a los efectos de evaluación del desempeño resultan de interés[26].

Uno de los aspectos más importantes y que resultan más polémicos en el procedimiento de despido colectivo es el relativo a los criterios de selección de los trabajadores afectados por las extinciones. El artículo 51.2 del Estatuto de los Trabajadores exige que en la comunicación escrita de inicio del periodo de consulta se consignen los «criterios tenidos en cuenta para la designación de los trabajadores afectados por los despidos»[27].

Se trata de una exigencia no exenta de complejidad que debe estar ya concretada en el momento en que se inicia el procedimiento de despido colectivo. El legislador ha dispuesto que sea en el momento inicial, y no en la posterior negociación, cuando el empresario debe indicar los criterios

___

26   Para un estudio en profundidad de la institución del despido colectivo véase Cervera Soto, T. y Cid Babarro, C.: El despido colectivo, claves prácticas y análisis jurisprudencial, Aranzadi, Pamplona, 2016.

27   La misma exigencia se reitera en el artículo 3.1 del Reglamento de los procedimientos de despido colectivo, suspensión de contratos y reducción de jornada.

con arreglo a los cuales ha tomado la decisión de extinguir la relación laboral de determinados trabajadores[28].

La necesaria presencia de unos concretos requisitos de designación de los trabajadores responde a varias finalidades. La principal es que las medidas de despido se ajusten a la causa alegada. Con la determinación inicial de los criterios de selección aplicados por el empresario, se permite que en la fase de negociación se verifique por los representantes de los trabajadores que las extinciones a realizar responden realmente a una causa determinada y, por ello los criterios de selección se reconocen como adecuados[29].

Características de los criterios de selección

En la legislación española no se recoge referencia alguna en torno a cuáles deben ser los criterios de selección de los trabajadores ni qué requisitos deben cumplir. Sin embargo, atendiendo a la finalidad de dichos criterios selectivos y siguiendo la interpretación que los diferentes tribunales han ido realizando, se pueden indicar las siguientes características:

• Objetivos: Cualquier criterio que responda a razones subjetivas debe ser rechazado. La objetividad está muy relacionada con la no discriminación, puesto que la exigencia de que los criterios sean objetivos es una garantía para que no se produzca una discriminación en la elección de los trabajadores afectados.

---

28   Reiterados pronunciamientos del Tribunal Supremo avalan esta tesis. Véase, por todas, la STS de 18 de febrero de 2014, (RJ 2014, 2239).

29   Así lo confirma la Audiencia Nacional, entre otras en la SAN de 15 de octubre de 2012 (AS 2013, 2).

• Coherentes: Los criterios de selección deben guardar coherencia en relación con la causa alegada y la finalidad pretendida con el despido colectivo y, por tanto, con el plan de viabilidad de la empresa.

 Sin embargo, esta exigencia queda matizada en los expedientes de despido colectivo basados en la voluntariedad en la adscripción de los trabajadores. Ahora bien, si esa adscripción voluntaria se combina con designación forzosa, de nuevo nos encontramos ante la obligación de coherencia indicada para los trabajadores cuya designación no es voluntaria.

 Si se observase por los Tribunales que los criterios aportados que han dado origen a las extinciones de contratos no guardan coherencia o relación suficiente con la cauda alegada por la empresa, ello provocaría la declaración de no ajustado a derecho del expediente de despido colectivo.

• Concretos y suficientes: Cuando el empresario prepara el expediente de despido colectivo puede tener en la cabeza unos determinados criterios de selección planteados en modo genérico. Pero los tribunales vienen recordando insistentemente que no es válida la formulación genérica de los criterios tomados en cuenta para la designación de los trabajadores. Y ello es así porque, de ese modo, no se da cumplimiento a la exigencia de que el periodo de consultas disponga de la suficiente información.

 El conocimiento de cuáles son los criterios de selección guarda una relación directa con la causa y con el control que de la misma se debe hacer en el periodo de consultas por la representación de los trabajadores[30].

---

30 A modo ilustrativo véase la STS de 17 de julio de 2014 (RJ 2014, 5743)

- Respeto a los derechos fundamentales y las libertades públicas de los trabajadores.

  La principal derivada de esta exigencia es la prohibición de trato discriminatorio. Se debe respetar el principio de igualdad del artículo 14 de nuestra Constitución, así como el artículo 17 del Estatuto de los Trabajadores.

Los criterios más utilizados

- Criterios relativos a la antigüedad en la empresa: Los tribunales han entendido que no resulta discriminatorio acudir a este sistema de selección[31], por tanto es conforme con los artículos 14 de la Constitución y 17 del Estatuto de los Trabajadores. Asimismo, se ha avalado la posibilidad de utilizar el criterio de la edad como fundamento para la selección de los trabajadores afectados.

- Criterios vinculados al coste económico: Si nos encontramos ante un despido colectivo fundamentado en causas económicas, o se pueden incluir las organizativas o productivas, se puede justificar acudir a criterios basados en costes para fijar la selección de trabajadores afectados. Evidentemente, reducir los costes será una de las medidas que permitirá lograr la viabilidad de la empresa.

- Criterios vinculados a la adscripción a un puesto o colectivo: Si se justifica el excedente de plantilla en determinados puestos y la inclusión en el expediente viene relacionada con la pertenencia a un colectivo concreto del que es preciso prescindir, nos encontramos ante un

---

31   Así se pronunció el Tribunal Constitucional en su sentencia de 13 de abril de 2015 (RTC 2015, 66).

criterio objetivo y directamente relacionado con la causa del inicio del procedimiento de despido colectivo.

No obstante, se debe prestar especial atención a que dicho criterio no se utilice de forma discriminatoria, vinculando de manera clara la pertenencia a un determinado grupo profesional, puesto de trabajo, sección, departamento, área de negocio, etc., con la necesidad objetiva de prescindir de esos puestos.

• Criterios relativos a cualidades y competencias profesionales: La cualificación profesional de los trabajadores es elemento habitualmente tomado en cuenta para fijar criterios de selección. Así, por ejemplo, se hace referencia a la polivalencia funcional, a la formación en determinadas áreas de conocimiento, a la especialización o la capacidad para ser reubicado en otras áreas.

  Se trata de promover que se queden en la empresa aquéllos trabajadores que mejor se adaptarán a las nuevas necesidades de negocio que permitan la supervivencia de la empresa a partir del despido colectivo. Nuestros tribunales entienden estos criterios plenamente coherentes con la causa que fundamenta el despido colectivo.

• Criterios en relación con el desempeño en la empresa y/o la productividad: Buscar que continúen prestando sus servicios para la empresa aquéllos trabajadores que se han distinguido por el logro de una mayor productividad o acreditado un mejor desempeño, es un criterio de selección válido y razonable. Se trata de aplicar los sistemas de evaluación del desempeño y medición del rendimiento para dar lugar a que sean los trabajadores con peor rendimiento los que abandonen la compañía.

La variedad de las herramientas de medición del desempeño hace que en cada empresa se puedan aplicar sistemas distintos. Para nuestros tribunales el criterio de selección a partir del desempeño es válido, al margen de que los sistemas de gestión del mismo sean diferentes en cada empresa.

- Criterios en base a índices de absentismo: Los tribunales ven razonable y objetivo que se pretenda mantener en la empresa a los trabajadores con menor índice de absentismo en detrimento de los que presenten un índice mayor. Se trata de un criterio que no supone discriminación. Un índice habitualmente utilizado es el absentismo basado en bajas de larga duración.

CONCLUSIONES

A modo de cierre de este apartado, cabe llamar la atención del lector sobre los aspectos reseñados a continuación:

- Resulta innegable que los sistemas de gestión del desempeño de los trabajadores en la empresa tienen su base en la capacidad del empresario de impartir instrucciones de trabajo y de fijar el rumbo al que los trabajadores deben ajustarse para cumplir los objetivos definidos en la empresa.

- El concepto de empresario, reiteradamente aludido en el Estatuto de los Trabajadores, debe tomarse conforme se indica en el artículo 20.1 considerando también a la persona que actúa por delegación del empresario y, por tanto, asumiendo las funciones que la legislación le encomienda.

- El trabajador se somete al poder de dirección del empresario (o persona en quien este delega) en todos los órdenes de la actividad de la empresa.

- El poder de dirección del empresario no tiene límites en lo que respecta a la actividad ordinaria de la operación empresarial, englobada en el denominado «ius variandi». Sin embargo, determinados temas se someten a una restricción que obliga al empresario a fundamentar su decisión y a someterse al correspondiente procedimiento para su gestión.

- En un proceso de despido colectivo resulta esencial el criterio con arreglo al cual haya de tomarse la decisión de quienes serán los trabajadores desvinculados de la empresa. La evaluación del desempeño juega también aquí un papel importante apoyando la decisión del empresario.

- La legislación laboral no regula expresamente los sistemas de evaluación en el desempeño y su uso por parte del empresario. Sin embargo, a lo largo del Estatuto de los Trabajadores, hay diversos artículos en materia de despido, ascensos y promoción, modificación de condiciones y otros que tienen relación, bien con la capacidad del empresario para implantar estos sistemas, bien para tomar decisiones que afecten al trabajador en base a los resultados de la evaluación de los trabajadores.

AGRADECIMIENTOS

La gestación de este libro nace de la inquietud de los profesionales que lo elaboran por un tema que siempre genera controversia a la par que una sensación de que las cosas se pueden hacer mejor. De esa situación surge la idea de abordar esta materia, crítica en el mundo de la empresa y a menudo mal resuelta.

No estamos ante un libro en el que cada autor elabora su parte, sino que el conjunto de autores responde del resultado final global.

Los coordinadores queremos agradecer el esfuerzo de todos los autores doblegando complicadas agendas por lograr el cierre de una obra, que arrancó antes de la pandemia y ha tenido que sortear las consabidas dificultades, con los diversos problemas de salud incluidos que la COVID ha ocasionado a nivel general.

Especial mención queremos hacer al esfuerzo de Lorenzo Rivarés por haber hecho una lectura general apoyando a los coordinadores, en orden a lograr la coherencia y unificación del texto, así como a nuestra editora, Marta Prieto, por confiar en nosotros y ofrecer su ayuda incondicional.

BIBLIOGRAFÍA[32]

- Adler, S., Campion, M., Colquitt, A., Grubb, A., Murphy, K. R., Ollander-Krane, R., & Pulakos, E. D. (2016). *Getting rid of performance ratings: Genius or folly. Industrial and Organizational Psychology: Perspectives on Science and Practice*, 9, 219–252. https://doi.org/10.1017/iop.2015.106 (En Murphy, K. (2019). *Performance evaluation will not die, but it should. Human Resource Management Journal, October 2019*).

- Aguilar, J. (2016) *El nuevo liderazgo. 5 escenarios 5 expertos,* Cap. 2 *Liderar para el crecimiento.* Editorial Círculo Rojo.

- Alles, M. A. (2007). *Desempeño por competencias: evaluación de 360.* Ediciones Granica S.A.

- Armstrong, M. (2006). Part 04: *Human resource management* (Rev. 3rd ed. ed.). London: Kogan Page Ltd.

- Atochero, A. V. (2012). *La tiranía de Gauss: prejuicios y perjuicios de la normalidad en las ciencias sociales. Caracteres: estudios culturales y críticos de la esfera digital,* 1(2), 64-70.

- Atwater, L., Brett, J. &Cherise Ch. (2007). *Multisource feedback: lessons learned and implications for practice. Human Resource Management,* Vol. 46, N° 2, 285–307.

- Austin, J. T., & Villanova, P. (1992). *The criterion problem: 1917–1922. Journal of Applied Psychology,* 77, 836–874. https://doi.org/10.1037/0021-9010.77.6.836 (En Murphy, K. (2019). *Performance evaluation will not die, but it should. Human Resource Management Journal, October 2019*).

---

32 Queremos agradecer al profesor José Alberto Bayo Moriones, catedrático de universidad, su aportación al facilitar una amplia bibliografía que hoy en día es esencial en materia de evaluación del desempeño. Esto ha permitido enriquecer el libro con este completo apartado de referencias bibliográficas.

- Barrett, M. A. (1914). *A Comparison of the Order of Merit Method and the Method of Paired Comparisons; Psychological Review,* 21, 278–294. http://dx.doi.org/10.1037/h0075829 (En DeNisi, A., & Murphy, K. (2017). *Performance Appraisal* and *Performance Management: 100 Years of Progress? Journal of Applied Psychology,* Vol. 102, Nº 3, 421-433).
- Bass & Bass (2008). *The Bass Handbook of Leadership: Theory, Research, and Managerial Applications.* New York: Free Press.
- Bauman, Zygmunt. (2017). *Vida Líquida.* Ediciones Paidós Espasa Libros, SLU.
- Bayo-Moriones, A., Galdon-Sanchez, J.E., Martinez-de-Moretin, S. (2019). *Performance appraisal: dimensions and determinants. The International Journal of Human Resource Management,* DOI: 10.1080/09585192.2018.1500387.
- Beer, M. (1981). *Performance appraisal: dilemmas and possibilities. Organizational Dynamics,* 9, pp. 24–36 (en Iqbal, M.Z., Akbar, S., Budhwar, P. (2015). *Effectiveness of Performance Appraisal: An Integrated Framework. International Journal of Management Reviews,* Vol. 17, 510-533).
- Blanchard, Ken; Carew,Donald; y Parisi Carew, Eunice (2004). *The one minute mánager builds high performing teams.* Harper Collins Publishers.
- Bock, Laszlo (2015). *La nueva fórmula del trabajo.* Penguin Random House Grupo Editorial S.A.U.
- Boyatzis, Richard; McKee, Ann (2016). *Liderazgo Emocional.* Ediciones Deusto.
- Bracken, D., Rose D., Church, A. (2016). *The Evolution and Devolution of 360 Feedback. Industrial and Organizational Psychology,* 9(4), pp 761–794 *December 2016.*
- Bustos, F. G., & Prats, J. T. (2013). *La evaluación del desempeño individual.* Ediciones Díaz de Santos.

- Canonici, T. y Nuñez, A. (2019). *El líder ante la innovación. Claves para un liderazgo innovador para la alta dirección.* Opinno y Parangon Parthers.
- Cappelli, P., & Tavis, A. (2016). *The Performance Management Revolution. Harvard Business Review*, 94(10), 58-67.
- Casado González, J.M. (2019). *De la evaluación del desempeño al reconocimiento del rendimiento.* Harvard Deusto business review, nº 290, 2019, pp.46-58.
- Casado González, J.M. y Rodríguez Maya, Enrique (2016). *Liderazgo Made In Spain. Claves para la Competitividad de Doce Grandes Directivos.* LID Editorial Empresarial.
- Cascio, W.F. & Aguinis, H. (2019). *Applied psychology in Talent Management.* Los Angeles: Sage.
- Cattell, J. M. (1906). *American men of science: A biographical dictionary. New York*, NY: Science Press (En DeNisi, A., & Murphy, K. (2017). *Performance Appraisal* and *Performance Management: 100 Years of Progress Journal of Applied Psychology*, Vol. 102, Nº 3, 421-433).
- Cervera Soto, T. y Cid Babarro, C. (2016). *El despido colectivo, claves prácticas y análisis jurisprudencial.* Ed. Aranzadi, Pamplona, 2016
- Chiang, F. F. T., & Birtch, T. A. (2010). *Appraising performance across borders: An empirical examination of the purposes and practices of performance appraisal in a multi-country context. Journal of Management Studies*, 47, 1365–1393 (En Bayo-Moriones, A., Galdon-Sanchez, J.E., Martinez-de-Moretin, S. (2019). *Performance appraisal: dimensions and determinants. The International Journal of Human Resource Management*, DOI: 10.1080/09585192.2018.1500387).
- Chiavenato, I. (2007). *Administración de Recursos Humanos*, McGraw Hill, México.
- Cleveland, J. N., Murphy, K. R., & Williams, R. (1989). *Multiple uses of performance appraisal: Prevalence and correlates. Journal of Applied Psychology*, 74, 130–135 (En Murphy,

K. (2019). *Performance evaluation will not die, but it should. Human Resource Management Journal, October 2019).*

- Covey, Stephen R. (1997). *Los 7 hábitos de la gente altamente efectiva.* Editorial Paidós Ibérica, S.A.
- DeNisi, A. S., & Kluger, A. N. (2000). *Feedback effectiveness: Can 360-degree appraisals be improved? The Academy of Management Executive,* 14, 129–139 (En Gorman, C. A., Meriac, J. P., Roch, S. G., Ray, J. L. and Gamble, J. S. (2017). *An exploratory study of current performance management practices: human resource executives' perspectives. International Journal of Selection and Assessment,* 25(2), 193-202).
- DeNisi, A. & Murphy, K. (2017). *Performance Appraisal and Performance Management: 100 Years of Progress? Journal of Applied Psychology,* Vol. 102, No. 3, 421–433.
- *Doerr, J. (2018) Measure What Matters: OKRs: The Simple Idea that Drives 10x Growth.* Penguin Business.
- *Drucker, Peter F. (1954.) The Practice of Management.* Harper & Row, Nueva York.
- Drucker, Peter F. (1983). *El cambiante mundo del directivo.* Ediciones Grijalbo, S.A.
- Dusterhoff, C., MacGregor, J.N. and Cunningham, J.B. (2014). *The effects of performance rating, leader–member exchange, perceived utility, and organizational justice on performance appraisal satisfaction: applying a moral judgment perspective. Journal of Business Ethics,* 119, pp. 265–273 (En Iqbal, M.Z., Akbar, S., Budhwar, P. (2015). *Effectiveness of Performance Appraisal: An Integrated Framework. International Journal of Management Reviews,* Vol. 17, 510-533).
- Farh, J. L., Cannella, A. A., & Bedeian, A. G. (1991). *The impact of purpose on rating quality and acceptance. Group & Organization Studies,* 16, 367–386 (En Kline, Th., & Sulsky, L. (2009). Measurement and Assessment Issues in *Performance Appraisal.* Canadian Psychology, Vol. 50, Nº 3, 161-171).

- Flanagan, J. C. (1954). *The critical incidents technique. Psychological Bulletin*, 51, 327–358 (En Kline, Th., & Sulsky, L. (2009). *Measurement and Assessment Issues in Performance Appraisal. Canadian Psychology*, Vol. 50, Nº 3, 161-171).
- Gasalla, José María (2016). *El nuevo liderazgo. 5 escenarios 5 expertos* Cap. 4. *Liderazgo por confianza* (LPC). Editorial Círculo Rojo.
- Gil Flores, J. (2007) *La evaluación de competencial laborales*, Universidad de Sevilla.
- Goleman, Daniel (2006). Boyatzis, Richard; McKee, Annie: *El líder resonante crea más*. Ediciones Debolsillo.
- González, Z. R., Guzmán, H. S. L., & Gómez, J. M. (2020). *La gestión de las compensaciones como estrategia para la retención, la eficiencia y la eficacia del talento humano: Caso de estudio Método HAY (sistema de escalas y perfiles de valoraciones de puestos)*. Dictamen libre, (27).
- Grote, D. (2000). *Performance appraisal reappraised.* Harvard Business Review, 78(1), 21-21.
- Harder, J.W. (1992). *Play for pay: effects of inequity in a pay-for-performance context. Administrative Science Quarterly*, 37, pp. 321-335 (En Iqbal, M.Z., Akbar, S., Budhwar, P. (2015). *Effectiveness of Performance Appraisal: An Integrated Framework. International Journal of Management Reviews*, Vol. 17, 510-533).
- Harvard Business Essentials (2003). *Contratar y retener a los mejores empleados*. Ediciones Deusto.
- Hemerling, J., Lovich, D., Grice, A. & Werner R. (2020). *Transforming Beyond the Crisis with Head, Heart, and Hands.* Boston Consulting Group.
- Hui, L., & Qin-xuan, G. (2009). *Performance appraisal: what's the matter with you?* Procedia Earth and Planetary Science, 1, 1751-1756.

- Ibáñez, S. (2019). *La revolución en la gestión del desempeño. Capital Humano*, Nº 341, Sección Tribunas, Abril 2019,Wolters Kluwer España.
- Iqbal, M.Z., Akbar, S., Budhwar, P. (2015). *Effectiveness of Performance Appraisal: An Integrated Framework. International Journal of Management Reviews,* Vol. 17, 510-533.
- Kellog, M.S. (1961). *New Angles in Performance Appraisal Management Report,* nª 63, Nueva York, American Management Association.
- Kline, Th., & Lorne, M. (2009). *Measurement and Assessment Issues in Performance Appraisal. Canadian Psychology,* Vol. 50, Nº 3, 161-171.
- Kudisch, J.D., Fortunato, V.J. and Smith, A.F.R. (2006). *Contextual and individual difference factors predicting individuals desire to provide upward feedback. Group & Organization Management,* 31, pp. 503–529 (En Iqbal, M.Z., Akbar, S., Budhwar, P. (2015). *Effectiveness of Performance Appraisal: An Integrated Framework. International Journal of Management Reviews,* Vol. 17, 510-533).
- Kundu, S.C., Mor, A. Khatri, N. & Do, H. (2019). *Performance management and business stratrategy.* En A. Varma & Pawan Budhawar (Eds.): *Performance Management Systems: an experimental aprrocah,* Los Angeles: Sage.
- Latham, G., &Wexley, K. (1977). *Behavioral observation scales. Journal of Applied Psychology,* 30, 255–268 (En Adler, S., Campion, M., Colquitt, A., Grubb, A., Murphy, K., Ollander-Krane, R., Pulakos, E. (2016). *Getting Rid of Performance Ratings: Genius or Folly? A Debate. Industrial and Organizational Psychology,* 9(2), pp. 219-252. *June* 2016).
- Latham, G.P., Almost, J., Mann, S. and Moore, C. (2005). *New developments in performance management. Organizational Dynamics,* 34, pp. 77–87 (En Iqbal, M.Z., Akbar, S., Budhwar, P. (2015). *Effectiveness of Performance Appraisal: An Inte-*

grated Framework. *International Journal of Management Reviews,* Vol. 17, 510-533).

- Le Roy Miller, R., & Meiners, R. E. (1988). *Microeconomía.* McGraw-Hill Companies.
- London, M., & Beatty, R. W. (1993). *360-degree feedback as a competitive advantage. Human Resource Management,* 32, 353-372.
- Mayntz, R. (1987). *Sociología de la Organización,* Alianza.
- Marín, G. S. (2008), *Dispersión retributiva, estructura salarial y resultados de la organización: un modelo de investigación. Investigaciones Europeas de Dirección y Economía de la Empresa,* 14(3), 91-106.
- Marshall, A. (2009), *Principles of economics: unabridged eighth edition.* Cosimo, Inc.
- Mathis, R. & Jackson, J. (2010). *Human Resource Management.* Ed. Cengage Learning.
- McDowall, A. and Fletcher, C. (2004). *Employee development: an organizational justice perspective. Personnel Review,* 33, pp. 8–29 (En Iqbal, M.Z., Akbar, S., Budhwar, P. (2015). *Effectiveness of Performance Appraisal: An Integrated Framework. International Journal of Management Reviews,* Vol. 17, 510-533).
- Meyer, H. H., Kay, E., & French, J. (1965). *Split roles in performance appraisal. Harvard Business Review,* 43, (1)123–129 (En Murphy, K. (2019). *Performance evaluation will not die, but it should. Human Resource Management Journal, October 2019*).
- Mone, E. M., London, M., & Mone, E. M. (2018). *Employee engagement through effective performance management: A practical guide for managers.* Routledge.
- Montejo, A. P. (2001). *Evaluación del desempeño laboral.* Gestión, 2(9).
- Moon, S. H., Scullen, S. E., & Latham, G. P. (2016). *Precarious curve ahead: The effects of forced distribution rating systems*

on job performance. *Human Resource Management Review*, 26(2), 166-179.

- Murphy, K. (2019). *Performance evaluation will not die, but it should. Human Resource Management Journal, October 2019.*

- Murphy, K. R., & Cleveland, J. N. (1995). *Understanding performance appraisal: Social, organizational and goal-oriented perspectives.* Newbury Park, CA: Sage (En Murphy, K. (2019). *Performance evaluation will not die, but it should. Human Resource Management Journal, october 2019*).

- Nickols, F. (2007) *Performance appraisal: Weighed and found wanting in the balance; The Journal for Quality and Participation,* 30(1), 13.

- Olaz A. y Brandle G. Universidad de Murcia, *Diseño de una entrevista de evaluación del desempeño por competencias desde una perspectiva microsociológica, Aposta Revista de Ciencias Sociales,* nº 58, julio, agosto y septiembre 2013.

- Paterson, D. G. (1922). *The Scott Company Graphic Rating Scale. Journal of Personnel Research,* 1, 361–376 (En DeNisi, A., & Murphy, K. (2017). *Performance Appraisal* and *Performance Management: 100 Years of Progress?* Journal of Applied Psychology, Vol. 102, Nº 3, 421-433).

- Polo, José María (2005). *Retribución Emocional. Otras maneras de premiar la excelencia.* Ediciones Granica, S.A.

- Schleicher, D., Baumann, H., Sullivan, D., Levy, P., Hargrove, D., Barros-Rivera, Br. (2018). *Putting the System Into Performance Management Systems: A Review and Agenda for Performance Management Research. Journal of Management,* Vol. 44 No. 6, July 2018, pp 2209–2245.

- Sempere Navarro, V. (2016). *Estudiando el periodo de prueba. Revista Aranzadi Doctrinal,* ISSN 1889-4380, Nº. 6, 2016, págs. 63-74

- Smith, P. C., & Kendall, L. M. (1963). *Retranslation of expectations: An approach to the construction of unambiguous* anchors for rating scales. *Journal of Applied Psychology*, 47, 149–155 (En Adler, S., Campion, M., Colquitt, A., Grubb, A., Murphy, K., Ollander-Krane, R., Pulakos, E. (2016). *Getting Rid of Performance Ratings: Genius or Folly? A Debate. Industrial and Organizational Psychology*, 9(2), pp. 219-252. June 2016).

- Snell, S., Bohlander, G. (2010). *Managing Human Resources.* South-Western, Cengage Learning.

- Sennett, Richard. (2017). *La corrosión del carácter. Las consecuencias personales del trabajo en el nuevo capitalismo.* Editorial Anagrama, SA 2000

- Solé, A. (2013). *Sistemas de retribución variable: ventajas e inconvenientes. Revista de contabilidad y dirección,*17, 11-27.

- Stein, Guido. (2000). *El arte de gobernar según Peter Drucker. Ideas para dirigir en tiempos turbulentos.* Gestión.

- Stein, Gu., Rábago, E. (2014). *Dirigir personas: la madurez del talento.* Ed. Pearson.

- Stephan, W.G. and Dorfman, P.W. (1989). *Administrative and developmental functions in performance appraisals: conflict or synergy? Basic and Applied Social Psychology*, 10, pp. 27–41 (En Iqbal, M.Z., Akbar, S., Budhwar, P. (2015). *Effectiveness of Performance Appraisal: An Integrated Framework. International Journal of Management Reviews*, Vol. 17, 510-533)

- Stewart, G. & Brown, K. (2010). *Human Resource Management.* Ed. John Wiley & Sons Ltd.

- Stoner, J., & Wankel, C. (1990). Administración México: Editorial Prentice-Hall.

- Taylor, M.S., Tracy, K.B., Renard, M.K., Harrison, J.K. and Carroll, S.J. (1995). *Due process in performance appraisal: a quasi-experiment in procedural justice. Administrative Science Quarterly*, 40, pp. 495-523 (En Iqbal, M.Z., Akbar, S., Budhwar, P. (2015). *Effectiveness of Performance Appraisal: An Integrated Framework. International Journal of Management Reviews*, Vol. 17, 510-533).

- Travers, R. M. (1951). *A critical review of the validity and rationale of the forced-choice technique. Psychological Bulletin,* 48, 62–70. http://dx.doi.org/10.1037/h0055263 (En DeNisi, A., & Murphy, K. (2017). *Performance Appraisal and Performance Management: 100 Years of Progress? Journal of Applied Psychology,* Vol. 102, N° 3, 421-433).
- Tsui, A., & Barry, B. (1986). *Interpersonal affect and rating errors. Academy of Management Journal,* 29, 586–598 (En Kline, Th., & Sulsky, L. (2009). *Measurement and Assessment Issues in Performance Appraisal. Canadian Psychology,* Vol. 50, N° 3, 161-171).
- Vroom, V. H. (1964). *Work and motivation.* New York, NY: Wiley & Sons.
- Wieser, F. V. (1914). *Theorie der gesellschaftlichen Wirtschaft. Grundriss der Sozialökonomik,*1, 125-444.
- Williams, M. J. (1997). *Performance appraisal is dead. Long live performance management. Harvard Management Update,*2, 1-6.
- Zimmerman, R.D., Mount, M.K. and Goff, M. (2008). *Multisource feedback and leaders' goal performance: moderating effects of rating purpose, rater perspective, and performance dimension. International Journal of Selection and Assessment,* 16, pp. 121-133 (En Iqbal, M.Z., Akbar, S., Budhwar, P. (2015). *Effectiveness of Performance Appraisal: An Integrated Framework. International Journal of Management Reviews,* Vol. 17, 510-533).

KOLIMA
BOOKS

www.ingramcontent.com/pod-product-compliance
Lightning Source LLC
LaVergne TN
LVHW020321200726
843507LV00012B/2183